14-18

dans le canton de Duclair

Du même auteur, chez le même éditeur

Le baron de Vastey, La voix des esclaves, Books on Demand, 2014.

Il s'agit là de l'aventure d'un petit paysan de Jumièges devenu colon à Saint-Domingue et dont le fils devint l'idéologue de la révolution haïtienne. Cet ouvrage est toujours disponible.

Chez d'autres éditeurs

Histoire et portraits d'Ergué-Gabéric, Ar Kae, 2008.
La drôle d'histoire du Finistère (dessins), Des dessins et des mots, 2005.
Jean-Marie Déguignet, Rimes et révoltes (préface), Blanc silex, 1999.
Contes et légendes Basse-Cornouaille (illustrations), An Here, 1998.
Intégrale des mémoires d'un paysan bas-breton (préface), An Here, 1998.
Presse-Bouc (dessins de presse), éditions de Kerguélen, 1986.
Volontaires pour le tiers-monde (illustrations), Karthala, 1986.

© Laurent Quevilly

Éditeur : Books on Demand GmbH
12/14 rond-point des Champs-Élysées, 75008 Paris, France

Impression : Books on Demand GmbH
Norderstedt, Allemagne

ISBN : 978-2-322-04161-9
Dépôt légal : octobre 2015

Laurent Quevilly

14-18

dans le canton de Duclair

Illustration de couverture : La mère Lamour, carte postale éditée par Pruvost, Duclair et L'Hoste, Paris.

*Les prédictions de Madame de Thèbes
pour la fin de 1914 :*

*Mort de Guillaume : 29 septembre.
Révolution à Berlin : 2 octobre.
Entrée des Français à Berlin : 22 octobre.
Fin de la guerre : 7 novembre.
Durée de la guerre : 3 mois, 5 jours.*

*A Andréa Mainberte
enfant de la guerre.*

Avant-propos

Deux coups de feu : dix-huit millions de morts. Le 28 juin 1914, à Sarajevo, un nationaliste serbe abat l'archiduc d'Autriche et son épouse. Le revolver de Gravilo Princip donne le départ de la plus grande boucherie de l'histoire.

Scène d'avant-guerre : les Lemonnier au marché de Duclair, 8 juillet 1913.

Comment furent vécues ces quatre années de conflit dans un petit coin de Normandie ? c'est tout le propos de ce livre. Brosser le portrait de chacun des 400 enfants du canton de Duclair morts pour la France reste un travail à poursuivre[1]. Ici, nous avons simplement voulu raconter la vie quotidienne à l'arrière. Avec ses femmes héroïques, ces mauvaises nouvelles qui viennent briser des vies, les faits-divers, ordinaires ou directement liés à la guerre et qui peignent par petites touches l'état d'esprit dans lequel est plongé le pays.

---

1 *L'histoire de nos soldats morts pour la France, Jumièges et Le Mesnil,* Martial Grain, les Gémétiques n° 2, 2004.

A l'aube de la Grande guerre, le canton de Duclair compte vingt communes et près de 12 000 habitants. Compris dans le triangle des abbayes, il reste essentiellement rural. Les canards de la presqu'île d'Anneville, les cerises et les prunes de la boucle de Jumièges font la renommée du terroir. La campagne est sillonnée par les bouchers, les boulangers, les bouilleurs de cru mais aussi les représentants des cafés Caïffa avec leur casquette de facteur, leur uniforme vert-olive et leur carriole à trois roues.

La patache de Duclair ici devant son relais à Rouen.

Le territoire est arrosé par la Seine, axe de vie que remontent les navires marchands et que traversent une dizaine de bacs. Seuls ceux de Duclair et de La Mailleraye usent de la vapeur. Les autres sont encore manœuvrés à la rame et gouvernés par de truculents bateliers vouant un culte respectueux à Bacchus.

Aux marées d'équinoxe, le fameux mascaret, spectaculaire à Caudebec, vient doucement mourir à Duclair, voire au delà après avoir contourné la presqu'île de Jumièges.

Dans cette contrée coule aussi l'Austreberthe qui, de sa source jusqu'à Duclair, actionne filatures et moulins. Sa vallée industrieuse compte de grands usiniers paternalistes comme Louis Prévost, à Villers-Ecalles, Louis Cabrol ou Édouard Delaporte à Varengeville.

Comme au bon vieux temps de Madame Bovary, on se rend encore à Rouen avec la diligence de Duclair qui agite ses grelots. Elle ne cessera de fonctionner qu'en 1915 avec le départ de M. Acius. Mais le canton est surtout desservi par la ligne de chemin de fer Barentin-Caudebec. Sa locomotive traînasse le long de la rivière, s'essouffle dans la côte Béchère, se fait attendre par des voyageurs agacés dans les six haltes et gares du canton.

Au chef-lieu, depuis Richard-Cœur-de-Lion, se tient chaque mardi le grand marché. Et si jamais on ne vous y voit pas, c'est que vous n'êtes pas bien *vézillant*. Il s'y fait grand commerce de grains et de bestiaux. Ici, la principale activité économique est la clouterie fondée vingt ans plus tôt par le Norvégien Hans Mustad et qui emploie 200 personnes. Des cinq fils Mustad, Clarin est le plus inventif et c'est lui qui dirige l'usine dès sa création. Il est associé dans ses recherches à l'ingénieur Makus Topp. Plusieurs mariages ont lieu entre des Normandes et la trentaine de Scandinaves installés à Duclair, Norvégiens pour la plupart mais aussi Suédois.

Hans Mustad s'est implanté à Duclair en 1891 en confiant la clouterie à son fils Clarin. Deux ans plus tard, l'usine était ravagée par un incendie.

Pour les besoins de la clouterie et des filatures, de nombreux navires font escale sur les quais du port de Duclair où l'on débarque le fer de Norvège, le coton des Antilles...

Maintenant que la Seine est endiguée Les carrières Guilbert à Yainville et celles de la veuve Cauvin, au Trait, extraient leurs dernières pierres. Mais, dans ces deux communes, cette guerre va profondément modifier le paysage industriel. Une raffinerie et un chantier naval vont voir le jour au Trait, une goudronnerie et une centrale électrique à Yainville.

A la veille de la première mobilisation générale de l'histoire, le tourisme n'est pas absent des activités locales. Les grandes régates de Duclair, qui fêtent alors leurs quarante ans, attirent foule de Rouennais mais aussi des Parisiens. L'abbaye de Saint-Martin-de-Boscherville[2] a son guide de même que celle de Jumièges dont les

---

2 Cette commune est encore appelée Saint-Georges, du nom de son abbaye. Mais

ruines s'étiolent inexorablement. Courues par les romantiques et les Anglais, celles-ci sont encore la propriété privée de Mme Eric, veuve Lepel-Cointet, d'une famille d'agents de change qui partage son temps entre Paris et la Normandie.

C'est face à ses vestiges, chez son oncle, Achille Grandchamp, que Maurice Leblanc a passé ses vacances d'adolescent. En 1914, monté à Paris, le feuilletoniste a déjà inventé Arsène Lupin qui fera connaître Jumièges dans le monde entier. Leblanc a publié aussi une nouvelle ayant pour cadre Yainville[3].

Un homme arpente la région à ses moments perdus pour immortaliser les beautés du pays et croquer ses habitants : c'est le douanier de Duclair, Paul Mascart. Eh oui, il me manque qu'une lettre à son nom pour donner mascaret. Depuis quelques années, il a fondé la société des artistes rouennais et s'est s'est attiré les éloges de l'Académie locale.

Paul Mascart (1874-1958).

Un autre artiste fait aussi passer notre petit monde à la postérité : M. Deschamps. En 1913, il a ouvert à Duclair le premier magasin de photographie du canton. Typée, la région illustre bien cette Normandie qui vient de redécouvrir ses racines. Les fêtes du

---
on dit aussi Boquerville, Boscherville, Saint-Martin...
3 La nouvelle *Le Haï* est parue dans le journal *Gil Blas* le 7 novembre 1892.

Millénaire de la Normandie organisées à Rouen en 1911 ont connu un succès retentissant et des congressistes sont venus visiter par bateaux entiers nos vieux moutiers.

La foule à l'abbaye de Boscherville pour le millénaire normand.

A Jumièges se perpétue encore l'étrange cérémonie du Loup Vert. Venue du fond des âges, la confrérie de saint Jean-Baptiste se retrouve à chaque solstice d'été autour d'un grand feu au Conihout. Sous la présidence du grand maître, les charitons font bombance après une procession solennelle tandis que la jeunesse encercle le brasier de ses danses. Les plus superstitieux emportent toujours avec eux quelques tisons qui leur porteront chance...

Ma Normandie est l'hymne des fins de banquets mais on chante aussi *Les gars Normands* et *Noter-Dame d'Autertot*, une chanson patoisante composée par l'abbé Houlière qui fut jadis curé d'Yainville. *Les gars normands*, c'est l'hymne des combattants de 70. Et l'on vit encore dans le souvenir de cette guerre perdue. Chaque année, de grandes commémorations attirent les foules à Moulineaux. Là s'élève un monument du Mobile en souvenir des combats qui se sont déroulés au lieu-dit la Maison-Brûlée. Depuis peu, signe des temps, le service militaire est passé de deux à trois ans.

D'Heurteauville à Sainte-Marguerite, d'Yville à Hénouville, les conversations sont teintées de tournures cauchoises. On les retrouve dans la presse locale, où un certain Mézimine Cauchois commente l'actualité locale dans une langue pittoresque. Car si on lit parfois le *Journal de Rouen,* le canton a sa presse : le *Journal de Duclair,* un hebdomadaire conservateur fondé trente ans plus tôt. Il est imprimé à Caudebec, chez Alfred Perré qui publie aussi *Le Pilote*. Sous-titré l'*Union des deux rives*, le *Journal de Duclair* paraît chaque mardi, jour de marché[4].

L'imprimerie du Journal de Duclair *et plus tard du Journal du Trait.*

---
4 Fondé en 1887, Le *Journal de Duclair* a cessé de paraître en 1940.

Au plan politique, l'homme fort du canton est Henri Denise. Avant lui, son père Georges, d'abord garçon d'écurie, a été maître d'hôtel à Duclair. Propriétaire à son tour de l'hôtel de la Poste, Henri Denise en a fait un relais gastronomique réputé. Depuis des lustres, les paysannes de la rive gauche apportaient au marché de Duclair leurs canards à pleins paniers. Nombre d'entre eux mouraient étouffés durant leur traversée sur le bac. Devant ces pertes navrantes, Henri Denise eut le coup de génie d'inventer la recette du canard à la presse qui fit très vite le tour du monde. Il vient d'édifier aussi une construction où s'alignent 18 chambres peintes aux couleurs du Touring-club de France.

La famille Denise entourée du personnel de l'hôtel de la Poste.

Après avoir été seize ans conseiller d'arrondissement, Denise cumule aujourd'hui les fonctions de maire et de conseiller général. Sexagénaire de haute stature, Henri Denise en impose. Marié à Marie Siméon et père de deux garçons, ce Catholique libéral jouera, comme nous le verrons, un rôle fédérateur et prépondérant durant les jours sombres.

Maire de Saint-Pierre-de-Varengeville, veuf, entrepreneur en maçonnerie, Charles Pigache est le conseiller d'arrondissement. Il siège dans une instance chargée de répartir les impositions entre les communes et qui émet quelques avis relayés par le sous-préfet auprès du Département. Nombre de voix demande la suppression de cette administration aux prérogatives limitées[5].

Quant au député de la circonscription, il s'agit du comte de Bagneux, élu depuis 1911 et par ailleurs conseiller général de Pavilly. Son château est loin d'ici, à Limésy, mais notre canton compte aussi des châtelains influents : Max de Joigny, maire de Saint-Paër, Maurès de Malartic à Yville, les Darcel à Anneville... Sans compter Sacha Guitry qui, lui, suit les événements avec un certain détachement depuis son manoir d'Yainville.

Sacha Guitry et son épouse, Charlotte Lysès, à Yainville

Guitry, c'est la célébrité du pays. Il s'est installé depuis peu dans cette résidence d'été qu'il a fait aussitôt réaménager. Les travaux ont été réalisés par l'entreprise Pigache, de Varengeville. Ce qui donnera lieu au passage à un procès. A sa nouvelle demeure, Guitry

---
5 Les conseils d'arrondissement furent supprimés par la loi du 12 octobre 1940.

a donné le nom des Zoaques, titre de l'une de ses pièces à succès. Avec son épouse, Charlotte Lysès, il y reçoit le Tout-Paris. Pour agrandir son domaine, le dramaturge vient d'arracher des terres au maire de la commune, Athanase Leroy, en lui promettant d'user de ses relations pour le faire chevalier du Mérite agricole. Guitry avait ses entrées à Paris. Et comme il insistait auprès du Ministère, un fonctionnaire étourdi finit par attribuer la médaille... à Sacha Guitry lui-même !

Photographiés ici par Deschamps, de Duclair, ces militaires fêtent le Père Cent en juin 14. Ils ignorent qu'ils vont devoir bientôt rempiler d'office...

Enfin n'oublions pas cette figure qui incarne le canton quand éclate la guerre : c'est la Mère L'Amour, la fameuse vendeuse de journaux qui s'égosille sur le marché de Duclair, pourchasse les convives de l'hôtel de la Poste et fait le bonheur des cartophiles.

Voilà, le décor est planté, nos personnages sont en scène. Il ne nous reste plus qu'à attendre le tocsin...

1
Derniers jours d'insouciance

Dans ses yeux bleus pétille tout la candeur de l'enfance. Boucles blondes, les traits fins, Andréa a deux ans en 1914. Cette fillette est la dernière des Mainberte, une famille nombreuse qui vit à Yainville, tout au bord de la Seine. Vit ou plutôt survit. Les Mainberte sont au nombre des indigents. Leur chaumière est assise loin du bourg, au hameau Claquevent, entre le bac et les carrières.

A Yainville, Henri Mainberte et Julia Chéron, une famille "ordinaire..."

Bel homme longiligne à la moustache en accent circonflexe, Henri, le père d'Andréa, a connu quelques déboires au temps de ses 20 ans. C'était en 1893 et la vie semblait alors lui sourire. Malgré son jeune âge, il était déjà capitaine de gribane, l'un de ces voiliers qui transportaient des pierres pour l'endiguement du fleuve. Quelle folle idée lui traversa l'esprit un dimanche après-midi ? Aux carrières d'Yainville, Henri fit bêtement main basse sur un paquet de cordages. Sans doute pour les besoins du bord. Mais le maître absolu des lieux, Émile Silvestre, ne l'entendit pas de cette oreille. Ce vol de bout de ficelle valut un mois de prison à Henri Mainberte et ses matelots. Sa carrière de marin s'arrêta là.

Au café du Passage

Tantôt journalier, tantôt terrassier chez la veuve Cauvin du Trait, Henri Mainberte vivote depuis dans de petits métiers. Peu de viande apparaît sur la table. Si ce n'est des *atignoles*, boulettes composées de restes de charcuterie. On mange surtout des légumes. Un temps, pour subsister, la femme d'Henri, Julia Chéron, eut l'idée d'accueillir en nourrice des orphelins de l'Assistance. Vieille tradition dans le pays. L'expérience se solda par la perte du nourrisson qui lui avait été confié[6].

Le bac d'Yainville avant la Grande guerre

Dans sa maison de Claquevent, le couple tient aussi un comptoir à l'enseigne du café du Passage. Son principal client est le frère de la maîtresse de maison, Gustave Chéron, patron du bac à rame d'Yainville. Pêcheur en Seine à ses heures, Gustave est d'une dynas-

---

6 Marie Bloquel, enfant abandonnée, matricule n° 1088, est décédée chez les Mainberte le 17 mars 1906, âgée de 41 jours.

tie de bateliers. Avant lui, son père, Delphin, a été le passeur d'Yainville. Quant à son oncle, Gustave Mauger, il pilote le grand bac à vapeur de Duclair mis en service voici déjà quarante ans[7]. Autant dire qu'il a de qui tenir et connaît les courants comme sa poche. De la cale d'Heurteauville, il n'hésite pas à faire hâler son embarcation par ses passagers sur plusieurs dizaines de mètres. Après quoi, tout le monde saute à bord et l'embarcation dérive pour arriver pile devant la cale d'Yainville.

Vue de la cale d'Yainville sur une photo de la fin du XIXe siècle.

Ce vieux de la Seine, comme on dit, a donc fait ses armes sous les ordres de son père mais aussi sur le fameux quatre-mâts *Quevilly*, un majestueux pétrolier qui remonte régulièrement le fleuve et déplace les curieux sur les berges.

A ses moments perdus, en sifflotant *Sous les ponts de Paris*, Gustave Chéron réalise des maquettes de son ancien navire qui font l'admiration de la famille. Sur Seine, le *Quevilly* dispute la vedette au *Félix-Faure*, passagère à aubes qui, de mai à septembre, promène ses estivants entre Le Havre et Rouen sous le regard émerveillé des enfants Mainberte.

Des enfants, les Mainberte en ont eu huit en tout : Thérèse, Mar-

---
7 Gustave Alfred Mauger est né en 1858 à Jumièges. Matelot sur le bac de Duclair, il succéda au patron, Adolphe Cassé, en 1903.

guerite, Marie-Louise, Émile, Raymond... Puis est venue la petite Hélène qui vient de mourir en cette année 1914. Méningite. Avant de s'éteindre, la blondinette de 6 ans avait écrit à sa sœur aînée qui était aussi sa marraine :

« Je vous aime de tout mon cœur et je viens vous le répéter à l'occasion du nouvel an. Je vous remercie de votre tendre bonté pour moi et vous prie d'agréer en même temps que ma reconnaissance, mes vœux et mes souhaits de bonheur et de bonne santé. Je ne sais quoi vous dire de meilleur et je vous embrasse chère Marraine bien affectueusement. Votre petite filleule. Hélène Mainberte. »

Derrière cette prose touchante, il y a la patte de M. Vimont, le maître d'école d'Yainville qui transmet ses connaissances à une quarantaine d'enfants. Le cou de travers, Vimont passe pour autoritaire auprès de ses jeunes disciples. Surtout aux yeux de la petite Germaine Acron qui, un jour, finit par refuser tout net de fréquenter l'école. Il faudra l'intervention de son oncle Deslogé, le tonitruant garde-champêtre du village, pour ramener l'instituteur à plus de douceur envers la gamine.

Photo de la page suivante : l'école d'Yainville photographiée en 1913 par Georges Ybert, 10 rue du Docteur-Blanche, Rouen. Plusieurs d'entre eux seront orphelins de guerre.

Ont été identifiés, de gauche à droite, assis au 1er rang : Mlle Lépron (4e) ; Mlle Brosse (5e) ; Madeleine Beyer (7e) ; Joseph Grain (8e) ; Léon Grain (9e) ; Mlle Rio (dernière). 2e rang : Marguerite Bénard (1ère) ; Roger Bruneau (7e) ; Fessard (9e) ; Berthe Grain (10e) ; Germaine Acron (11e) ; Hélène Mainberte (12e). 3e rang : Georgine Beyer (1ère) ; Henri Beyer (4e) ; Émile Mainberte (7e) ; Raymond Mainberte (8e) ; Louise Lefèbvre (dernière à l'écart). Debouts au dernier rang : Marie-Louise Mainberte (2e) ; Juliette Fessard (3e) ; Blanche Bénard (4e) ; Yvonne Lévêque (5e) ; M. Vimont (6e) ; Louise Grain (7e) ; Marie Deconihout (8e) ; Louise Acron (10e).

Outre la petite Hélène, le couple Mainberte a déjà perdu André, un garçonnet d'un an. Andréa, la dernière des enfants, a donc hérité de son prénom. André, c'est aussi le saint patron de la paroisse d'Yainville et sa statue trône dans l'église. Cette famille Mainberte, nous la retrouverons de loin en loin dans ce récit. Elle illustre les tragédies sourdes et ordinaires qui se trameront à l'arrière.

Les grandes régates de Duclair

En ce mois de juillet 1914, les temps sont encore à l'insouciance. Le 5 ont lieu comme à l'accoutumée les grandes régates de Duclair présidées par Max de Joigny, le maire de Saint-Paër. Dans la tribune d'honneur, il est assis aux côtés d'Henri Denise, maire de Duclair et conseiller général du canton. Depuis leur création, en 1873, Denise a assumé le secrétariat de cette société nautique qui attire même des Parisiens sur nos rives. Parmi les officiels ont aussi pris place Charles Pigache, conseiller d'arrondissement, le pharmacien Bobée ou encore le Dr Chatel, médecin nouvellement installé dans la région.

Créée en 1893, la fanfare de Duclair a succédé à une société musicale fondée en 1876. Elle ne fut dissoute qu'en 1984. L'aventure aura duré plus d'un siècle...

Sous la baguette experte de Louis Pellerin, la fanfare locale revient tout juste d'un concours à Mantes-la-Jolie où ses quarante exécutants se sont couverts de lauriers. Un couronnement après des années de cours de solfège, de répétitions, d'aubades et de bals dans toutes les communes du canton. Avec celles d'Yvetot et de

Caudebec-lès-Elbeuf, la clique en grand uniforme remplit le bourg de flonflons, depuis la rue des Moulins jusqu'aux quais en passant par la place Saint-Eloi et celle du marché.

Sur ce fond musical, une marée humaine continue d'affluer, coiffée de hauts de forme, de canotiers, de casquettes et de chapeaux voilés. Pour cette foule des grands jours, l'attraction sera bien sûr sur l'eau. Mais aussi dans les airs. Car dans la région se dispute ce jour-là un rallye aérostatique. Place de la mairie, *L'hirondelle*, un immense ballon gonflé à l'hydrogène prend son envol au son de *La Marseillaise*. Lecomte, le pilote, échange quelques signaux lumineux avec la voiture suiveuse et met aussitôt le cap sur Rouen. Mais il n'ira pas bien loin. Une pluie persistante s'abat et l'engin est contraint d'atterrir avec modestie dans la propriété de M. Heurteaux, conseiller municipal de Villers-Ecalles. On accueille cet extra-terrestre en allant chercher à la cave la *bouteille aux araignées*[8].

Pendant ce temps, sur la Seine, se déroulent les compétitions nautiques : croisières parties de Rouen, épreuves de natation, courses à l'aviron, à la godille. Sur leur bachot, sur leur chaloupe de gribane, les gens du cru défendent leur réputation à la force du poignet. Comme les Lépron, les Robert, les Morlec de Duclair, Morand d'Anneville, Sauvage-Galilée de Bardouville...

Le soir venu, la maison Duchemin tire son feu d'artifice. C'est le signal du départ pour les spectateurs qui grimpent dans le dernier train supplémentaire. A la même heure, dans l'auberge Martel, route de Barentin, Mme Deperrois pose une lampe sur la table de chevet de ses deux enfants. Celle-ci chavire, explose et embrase la literie. Aux cris de la journalière, Martel et Maurice, un voisin, grimpent quatre à quatre l'escalier, sauvent les deux gamins et jettent par la fenêtre le matelas fumant. Qui s'enflamme entièrement dans sa chute. Ces grandes régates ne seront pas endeuillées.

Ici ou là la fête

Deux jours plus tard se tient à l'hôtel-de-ville du chef-lieu l'assemblée des fermières de la Seine-Inférieure. Denise en préside les travaux qui portent sur la manière de mieux exporter nos fruits en Angleterre. Ces femmes ignorent encore le rôle de premier plan qu'elles auront à jouer demain.
L'insouciance, elle aura encore cours les jours suivants. Le 19 juillet, Villers-Ecalles est à son tour en liesse. Dans la cour du café Lenormand, des jeux, des spectacles s'achèvent par un bal. Le même jour, c'est la Sainte-Madeleine à Yainville. Celle-ci a lieu

---

8 Expression locale pour désigner la bouteille de goutte.

devant le débit de boisson d'Henri Bruneau, sur la place de l'église. Employé chez Mustad, marin de métier, Bruneau est marié à la sœur d'Henri Mainberte. Venue à pied de Claquevent, notre petite Andréa est donc là, baignant avec bonheur parmi les siens.

La place d'Yainville et le café Bruneau (Coll. Jean-Claude Quevilly)

Chapeautées, les fillettes de son âge portent toutes bottines et bas noirs. Le noir, c'est la couleur dominante des vêtements, ceux des enfants, les *comestumes* de cérémonie. A 16 h, l'épreuve cycliste réservée aux coureurs du canton s'élance vers Le Trait. Comment imaginer une seconde le terrifiant destin qui attend tous ces hommes si beaux, si gais, ces jeunes gens en casquette qui s'apostrophent avec des accents teintés de cauchois. Ici aussi la journée se termine par un bal et quelques pièces d'artifices.

Il en sera de même au hameau de la Fontaine, une semaine plus tard, dans la cour du café Lebourgeois où l'on marque la sainte Anne.

Oui, juillet 1914 s'écoule ici douillettement. Simplement assombri par la noyade d'un garçon d'Heurteauville, Émile Gontier. On l'a vu prendre un bain de pied dans l'eau de la Seine, assis sur un seau renversé et tremblant de tous ses membres sous l'effet de la maladie qui le minait. Et puis, il a disparu. A Duclair, le même sort a bien failli frapper un jeune garçon cocher. Devant l'hôtel de la Poste, ses gestes maladroits lancent son attelage en marche-arrière.

Et le tout bascule directement dans le fleuve. Mais ce domestique étourdi saute à temps sur la terre ferme. En revanche, il faudra tout l'art de deux bateliers pour ramener voiture et cheval à quai.

La figure de la Mère l'Amour...

Un figure emblématique incarne la fantaisie qui prévaut encore dans ce pays, c'est celle de la Mère L'Amour, marchande à la sauvette, personnage folklorique un peu énigmatique.

La Mère l'Amour livrant le journal aux troglodytes de Duclair.

D'abord d'où tient-elle son surnom ? De *L'amour*, titre d'un journal qu'elle vend. C'est du moins ce que prétendent certains. Mais *L'Amour* n'apparaît pas dans la nomenclature de la presse française. Alors, d'autres pensent que ce sobriquet lui vient plutôt de sa laideur. La petite bonne femme a la peau ridée, tannée comme un vieux parchemin. Elle habite une petite maison près de l'hôtel de la Poste et traîne sa carriole à trois roues à la sortie du bac, l'arrivée des trains, dans les travées du marché. Coiffée d'un chapeau de paille, la Mère l'Amour vous propose la presse du jour, les cartes postales de l'imprimerie Pruvost.

Qui sait que son vrai nom est Marie-Louise Lévesque ? Vingt ans plus tôt, elle a épousé un veuf, Victor Jouen, dont la femme est morte à Villers-Ecalles. La Mère L'Amour a maintenant plus de 60 ans et pousse toujours sa chansonnette :

> C'est moi la Mère l'Amour
> La mieux de dans ma cour
> Je vous respecte toujours
> Je suis une bonne fille
> Et dans la rue tous les jours
> Je vends les journaux du jour
> Journal de Rouen, Petit journal
> Voilà mon gai refrain
> Je suis là tout entrain
> Et sans en avoir l'air
> Je réveille tous les gens de Duclair
> Et je crie : Allez, tous en l'air
> Vive demain, bonne journée
> Et vive la Mère l'Amour.

Vive demain, chante la Mère l'Amour... A Duclair, on envisage l'ouverture d'un cours gratuit de musique à partir du 1er août. Il s'agit d'étoffer les rangs de la fanfare dirigée par M. Pellerin. Là encore, qui peut imaginer que ses pupitres seront bientôt désertés. Tandis que Thys, le champion belge, remporte son second tour de

France devant Pélissier, le pays se passionne pour le procès d'Henriette Caillaux, l'épouse du ministre des Finances malmené par le *Figaro*. Voici quelque temps, pour laver l'honneur de son mari, Mme Caillaux a vidé un revolver sur le directeur du journal. Elle sera acquittée...

La mère L'Amour sur les quais de Duclair

Et voilà qu'en fin de mois circulent des nouvelles alarmantes. L'Autriche déclare la guerre à la Serbie. Par le jeu des alliances, l'Europe s'embrase très vite. Bientôt, on parle du rappel des réservistes, de mobilisation générale et l'on se rue sur les banques pour y retirer son argent. A Rouen, un meeting pacifiste est interdit. Le 31 juillet, devant le siège des journaux, une foule anxieuse guette des informations. Il paraît que l'état de siège est proclamé en Allemagne. Mauvais présage. Et puis l'information tombe vers 10 h du soir : Jaurès est mort. Assassiné. Mais l'annonce de cette nouvelle stupéfiante est vite couverte par le tocsin...

2

La mobilisation générale

Samedi 1er août. Une noce s'égaye dans les ruines de l'abbaye de Jumièges. Dans son voile blanc la mariée est radieuse, sublimée par ce chaos de pierres séculaires. Il fait beau. Très beau. Quand soudain, sur les coups de cinq heures, retentit le tocsin. Lugubre. Interminable. Aux cloches de l'église Saint-Valentin répondent celles du Mesnil, d'Yainville, d'Heurteauville... Tout le pays bat le rappel. C'est la mobilisation générale. Dès le matin, dira-t-on, des réservistes ont déjà pris position sur les axes de communication. Dans un meeting qui se tient alors à Rouen, même les socialistes, même les syndicalistes de la CGT se rangent derrière cette idée : il faut défendre la Patrie.

Départ de conscrits en gare de Barentin.

Le dimanche 2 août, les affiches ont fleuri aux portes de toutes les mairies. L'appel à rejoindre l'Armée est encore martelé par le tambour des garde-champêtres jusqu'au hameau le plus reculé. Chaque homme en âge de combattre a lu et relu l'ordre de route glissé dans son livret militaire. De gare en gare, par vagues successives, les trains réservés à l'usage exclusif de l'armée vont vider le canton de Duclair de ses forces vives[9]. « *Mais la mobilisation,* veut-on encore se rassurer, *ce n'est pas la guerre !* » Sur les quais de gare, de Villers-Ecalles à Gauville-Le Trait, les adieux aux familles se font sur un ton faussement goguenard. Certaines communes décident déjà de soutenir financièrement les familles dont le père s'en va. La moisson reste à finir, il faudra bien remplacer la main-d'œuvre agricole...

Rouen : le bureau de la mobilisation...

La surprise de Sacha Guitry

Ce 2 août, Sacha Guitry est alors dans son manoir d'Yainville. Loin d'être socialiste, Guitry avait des sympathies pour Jaurès, ce pacifiste que lui avait présenté Octave Mirbeau. Hier, la nouvelle de son assassinat l'a bouleversé. Aujourd'hui, celle de la mobilisa-

---

[9] La France mobilise 3 800 000 hommes avec 170 000 wagons de train et réquisitionne 800 000 chevaux. En août partirent les soldats âgés de 21 à 38 ans. En septembre les plus vieux ainsi que de jeunes engagés volontaires à partir de 17 ans.

tion l'agace. Il n'aime pas, prétexte-t-il, les revanchards, les va-t-en guerre... L'actrice Marguerite Moreno, son invitée, le quitte précipitamment pour regagner Paris. Guitry s'empresse de la suivre. Il écrira de cette journée : « *La guerre est déclarée. Je suis à la campagne, près de Jumièges. J'apprends la nouvelle vers midi. Une heure après, je suis en auto sur la route de Paris. A Rouen, on s'arrache les journaux. Quelqu'un nous arrête à la sortie de Vernon et nous prévient que les automobilistes ne peuvent entrer dans Paris*[10]... »

Guitry ira donc se réfugier à Rueil-Malmaison, chez son ami Ajalbert. Et de là, il parviendra à gagner la capitale. Mais on le reverra bientôt à Yainville, on le reverra car il est réformé pour rhumatismes. Les autorités militaires auront beau le convoquer, il échappera toujours à la conscription. Ses maux semblent bien réels. Avant le tocsin, il a été alité plusieurs mois. Ce qui n'est pas le cas de son personnel : maître d'hôtel, chauffeur, jardinier, valet de chambre, homme de peine, gardien... Tous seront mobilisés.

Et tout s'affole

Au matin du 3 août, on apprend que le Keiser Guillaume II déclare la guerre à la France. Le 4, il envahit la Belgique. Le 5, nos premiers régiments quittent Rouen entre des haies humaines pour monter au front[11]. Cette fois, la guerre est là.. Mais on veut encore s'en persuader : elle sera courte et ramènera l'Alsace et la Lorraine dans le giron français avant Noël. En témoigne la prise victorieuse d'Altkirch, le 7 août, qui permet d'avancer jusqu'à Mulhouse, en Alsace. La terre promise ! C'est ce moment de grâce que choisira Guitry pour revenir à Yainville. « *Mon médecin m'ayant conseillé de ne pas rester à Paris, je suis retourné à la campagne pour y attendre la fin de la guerre, pour un mois ou deux disait-on ! Que d'illusions merveilleuses nous soutenaient alors !* » On ne sent pas chez Guitry les élans patriotiques d'un Maurice Maeterlinck, son voisin installé à l'abbaye de Saint-Wandrille. Lui, à 52 ans, il regrette de ne pas avoir rejoint sa Belgique natale à temps pour combattre les Allemands. A Saint-Wandrille, l'auteur de *Palléas et*

---

10 Sacha Guitry, *Le petit carnet rouge,* Perrin, 1979.
11 Dans l'Infanterie, les régiments d'active de Rouen étaient le 39e et le 74e RI. Leurs réserves : le 239e et le 274e RI, les régiments territoriaux les 21e et 22e RIT.

Mélisandre consacre ces premières semaines de guerre à aider les familles de mobilisés en compagnie de son épouse, la comédienne Georgette Leblanc, sœur de l'auteur d'*Arsène Lupin*. Le couple distribue à tout va les bons d'alimentation et de carburant pour les batteuses, il accueille aussi dans son parc des enfants en bas-âge pour soulager les familles à la moisson. Voilà l'abbaye de Saint-Wandrille érigée en garderie...

Départ de Rouen d'une colonne de cavaliers.

Le désenchantement

A Jumièges aussi, les hommes valides étant partis, on est fort soucieux des récoltes. Au point d'implorer de l'aide pour détruire les sangliers. Ces carnassiers seront les ennemis de l'intérieur. Et la chasse est interdite. Il est défendu aussi de circuler de nuit, même à pied, de vendre et transporter de l'absinthe. Les rédactions se sont vidées et le papier fait défaut. Du coup, sur le pavé de Duclair, la Mère L'Amour vend à la criée des journaux réduits à quelques pages et couverts de placards blancs imposés par la censure militaire. On garde en mémoire la guerre de 70, époque où l'ennemi n'avait qu'a consulter la presse pour y puiser de précieux renseignements. A Rouen va siéger un conseil de guerre permanent où seront jugés nombre de déserteurs, d'insoumis heureux d'écoper qui deux ans de prison, qui quatre années de travaux forcés. Ils n'iront pas au feu. Car voilà que de premiers blessés de guerre nous reviennent des frontières par wagons entiers. Ils étaient partis sans casque, vêtus de leur pantalon garance, cible idéale pour les mitrailleuses ennemies. Ils chantaient alors en chœur *«On part couper les moustaches à Guillaume !»* Ceux-là rentrent au pays la gueule cassée, suivis de milliers de réfugiés belges et chtimis fuyant leur pays en feu.

Nos premiers morts

Né au Mesnil, employé chez Mustad, musicien à la fanfare, Édouard Decharvois et sa fiancée, Germaine Boutry, de Jumièges. Ce couple incarne les déchirures de la guerre. Après la mort d'Édouard, Germaine ne se mariera jamais.(Coll. Martial Grain).

La guerre des frontières tourne mal[12]. Des dépêches préfectorales informent les maires de la mort de leurs premiers concitoyens. Comme Gaston Besnier et Gaston Engrand, à Saint-Paër, Édouard Decharvois et Eugène Lefèbvre, de Duclair, fauchés le 22 août 1914 lors du plus sanglant revers que connaît alors l'armée française. Dans la caisse du soldat Decharvois, on retrouva les paroles d'une chanson, *« Vive la p'tite Duclairraise »* signée d'un

---

12 Les batailles dites des frontières se déroulèrent du 17 au 25 août 1914 au désavantage de la France.

certain Georges Boulhan se disant chanteur populaire normand. Elle se fredonnait sur l'air de *La Tonkinoise* de Vincent Scotto[13].

Coïncidence malheureuse : pour inaugurer sa liste noire, le maire de Jumièges apprend la disparition de son propre fils, Léon, à la bataille de Charleroi, le 23 août. La promise du jeune garçon restera elle aussi fidèle à sa mémoire en demeurant toute sa vie célibataire[14]. Courageux maire de Jumièges qui, brisé de chagrin par la mort de son fils, aidera, de ferme en ferme, les épouses de mobilisés à trousser leurs lettres pour le mari au front. Dans les quatre ans qui viennent, Jules Lefèbvre ira plus de quarante fois apporter une terrible nouvelle à ses administrés. Le voir arriver au loin et pousser la barrière est redouté par tous car on devine aussitôt le but de sa visite. En attendant, voilà que le général Joffre bat en retraite...

La peur de l'invasion

Septembre 1914 débute dans la peur. Les Allemands ont percé la Somme et sont entrés en France. Rouen, en est-on persuadé, Rouen est menacé. Paris aussi au point que le gouvernement se réfugie à Bordeaux. Ce qui lui vaut quelques lazzis. Va-t-on devoir user du sabotage pour freiner la marche forcée de l'envahisseur ? Des bords de Seine, on voit passer nombre de navires quittant stratégiquement le port normand. Guitry nous raconte encore ces événements vus d'Yainville après l'illusion des premières victoires : « *Hélas ! quelques jours plus tard, que d'affreuses réalités. Nous n'avions pas à cette époque l'habitude de déchiffrer le langage des communiqués officiels. Les premiers reculs nous semblèrent naturels, stratégiques même. Un soir, enfin, la vérité nous apparut déchirante. L'immense vague allemande déferlait sur la France. Les journaux, mystérieux depuis quelque temps, devenaient sinistres tout à coup. Par une dépêche venue de Tours, un de mes amis me suppliait de venir le rejoindre. Je voulais espérer encore et attendre avant de m'éloigner, mais sur l'avis pressant d'un fournisseur de Rouen, j'ai quitté le lendemain Jumièges. Je l'ai beaucoup regretté depuis. Puisque j'avais des amis à Tours, je suis*

---

13 Martial Grain, Le Canard de Duclair.
14 Martial Grain, op. cit. p. 10.

parti dans la direction de Tours, avec l'impression que les Allemands étaient dans notre dos. La crémière avait dit au gardien qui l'avait répété à la cuisinière qu'elle avait vu des uhlans[15] *sur la route de Duclair, et c'était faux, bien sûr !* »

Le souvenir de 70

Cette peur de l'invasion, elle gagne surtout l'esprit de ceux, encore nombreux, qui ont connu la guerre de 70. Ils n'ont pas oublié ces jours terribles où les Prussiens occupaient Duclair et réquisitionnaient de manière brutale les paysans des alentours. Ils se souviennent encore de ces canonnières françaises qui montaient et descendaient la Seine entre Le Havre et Rouen.

Jusqu'en 1914, de grandes fêtes commémoraient les héros de la guerre de 70 au monument de Moulineaux.

Les envahisseurs avaient fini par s'emparer de six goélettes anglaises pour les couler et barrer le fleuve à la Fontaine. De même avaient-ils tendus un rideau de torpilles du côté de Claquevent et installé une batterie au Trait. Des tirs avaient été échangés de Jumièges à Yainville entre nos fusiliers-marins, nos francs-tireurs et

---

15 Uhlans : cavaliers de l'armée allemande, l'un des nombreux surnoms des « Teutons ».

les casques à pointe qui finirent par envoyer le bac de Duclair par le fond. Et pour couronner le tout, il avait fallu verser des indemnités de guerre à la Prusse. Depuis, dans les écoles, les hussards de la République avait forgé l'esprit de revanche.

On en était là quand, quelques jours plus tard, la Seine-Inférieure se rassure. Stoppés dans leur offensive, les Allemands ne viendront pas jusqu'ici[16]. Seul un commando a été intercepté au sud de Rouen alors qu'il s'apprêtait à faire sauter le pont d'Oissel. Mais la situation est si grave que les plus vieux réservistes, un temps renvoyés dans leur foyers, sont cette fois mobilisés. C'est la contre-offensive...

Le départ d'Henri Mainberte

Le Caudebec-Barentin en gare d'Yainville.

Le 6 septembre 1914, en gare d'Yainville, la petite Andréa agite sa menotte en direction son père. A 42 ans, laissant derrière lui six enfants, Henri Mainberte quitte Claquevent et part pour l'inconnu en compagnie d'un camarade de classe, Louis Auguste Lefrançois. Les cheveux aussi blonds que son compagnon de route, Lefrançois est un agriculteur du Mesnil établi au Passage de la Roche, un lieu paisible qui lui semblait si loin du monde et de ses fureurs[17].

---

16 La contre-offensive de Joffre, dite Bataille de la Marne, eut lieu du 6 au 13 septembre 1914 et parvint à repousser l'avancée allemande.
17 Passage pour piéton menant au Landin. Il fut supprimé en 1972.

Avec deux chemises et un caleçon de rechange, la nuque rasée de près conformément aux directives, nos deux "pépères" comme on appelle ces vétérans, rejoignent le dépôt du 21ᵉ régiment d'infanterie territoriale, caserne Jeanne-d'Arc à Rouen. Là, ils touchent leurs 30 kg de barda, le fameux "flingot" Lebel et sa baïonnette, la "Rosalie", les godillots, le képi, la tunique bleue et le pantalon garance. Leur régiment est alors stationné dans la vallée de l'Andelle et reconstitue ses forces après de premiers et durs combats en Belgique. Les reverra-t-on, nos deux réservistes de fond de tiroir...

Officiers des 21ᵉ RIT, 39ᵉ et 239ᵉ RI au dépôt de Rouen.

Ceux qui, hors d'âge ou réformés, restent à l'arrière sont aussi mobilisés par l'effort de guerre. Des œuvres de bienfaisance ont vu le jour ces dernières semaines. A la mairie de Duclair, Henri Denise, dont un fils est au front[18], débloque un crédit de 5 00 F et lance une souscription pour aider la Croix rouge. Objectif : ouvrir deux hôpitaux à Rouen pour accueillir 210 blessés. Et les Duclairois vont se montrer généreux. Lucas, conseiller municipal et Bastide, receveur de l'Enregistrement, recueilleront quelque

---

18 Henri Denise fils (1885-1957) fit campagne du 4 août 1914 au 11 novembre 1918 et fut démobilisé en mars 1919 avec la médaille militaire anglaise et le grade de sergent. Il sera lui aussi maire de Duclair de 1948 à 1968.

4 000 F. Patron de la clouterie, Clarin Mustad n'est pas en reste. Bloqué depuis cinq mois en Norvège, il n'en oublie pas moins Duclair et offre 5 000 F aux victimes de guerre, aux réfugiés sans ressource, aux chômeurs. Clarin Mustad adressera aussi des mandats réguliers à ses soldats mobilisés. Il envisage même de créer un hôpital militaire dans sa nouvelle propriété, un château adossé au coteau longeant la forêt du Trait.

La générosité des manufacturiers, dont les usines ont été arrêtées aux premiers jours du conflit, s'observe un peu partout. Les deux châtelains de Varengeville, René Dieusy, au Bourg-Joly, et Gaston Le Breton, directeur des musées départementaux, mettent aussi la main au portefeuille[19]. Quand l'avance allemande est enfin stoppée par la contre-offensive de Joffre, Guitry, alors loin d'ici, donne un gala au profit des blessés. A sa façon, le voilà maintenant impliqué dans le conflit...

L'incendie de Berville

Tandis qu'une course à la mer succède à la bataille de la Marne, septembre se termine mal, très mal à Berville. Jules Coignard a 28 ans. Braconnier devant l'éternel, il a été réformé pour bronchite et se fait ouvrier. Avec un jeune de Saint-Paër, Jules Masse, il travaille alors chez M. Contremoulins, élu de Berville, épicier près de l'église. Les deux garçons dorment dans un bâtiment en galandage édifié dans la cour du débitant. Soudain, de premières flammes sont aperçues par MM. Corruble, l'instituteur et Foliot, un journalier.

Quand on peut enfin pénétrer dans le bâtiment, le Dr Allard aura bien de la peine à identifier les deux corps entièrement carbonisés. Seul un os reste intact. Médecin à Duclair, on retrouvera très souvent le Dr Allard, appelé dans les mille et un faits-divers qui endeuilleront l'arrière durant ces quatre années de guerre. Ce qui lui vaudra l'écharpe de maire.

Le retour d'Henri Mainberte

Sa guerre n'aura pas duré un mois. Renvoyé dans ses foyers, ce fut le 4 octobre 1914, que Henri Mainberte regagna Yainville. Le

---

19 Jean-Pierre Hervieux, *Saint-Pierre-de-Varengeville d'hier*, éd. Charles Corlet, 2008, p. 68.

temps pour son régiment de livrer combat à Péronne et Puiseux et d'y perdre son commandant, le lieutenant-colonel Durand. Un mois, c'est peu, mais ce n'est pas le même homme qui descend du train pour apparaître au bout du chemin de Claquevent. Henri a senti venir sa fin et ne rechigne pas à retrouver les siens.

Soldats du 21ᵉ RIT, le régiment d'Henri Mainberte, campagne de 1914.

Sans doute Henri n'a-t-il pas la fibre guerrière d'un compatriote de Duclair comme Victor Desmarest, cet ancien des Chasseurs d'Afrique. Dès la mobilisation, le vieux Territorial a demandé à rejoindre la ligne de feu comme cavalier au 7ᵉ Chasseurs. Près de Reims, son cheval est tué sous lui. Il accomplit alors 80 km à pied pour rejoindre son dépôt. De là, il écrit à sa famille son impatience de reprendre la combat. Desmarest, un des premiers héros du canton de Duclair.

Une autre figure fait parler d'elle : c'est Jacques Darcel, propriétaire du château des Quatre-Girouettes, à Anneville-sur-Seine, issu d'une famille qui a longtemps dirigé le canton[20]. On apprend sa nomination au grade de capitaine au sein du 22ᵉ RIT. Une dizaine

---

20 Alphonse Darcel et son fils Charles, qui fut maire de Berville, ont été conseillers généraux entre 1833 et 1892. Charles Darcel commandait la Garde nationale de Duclair en 1870. Jean Darcel fut maire d'Hénouville de 1884 à 1906.

d'années plus tôt, ce garçon avait accompli un petit exploit alors qu'il était sous-lieutenant de réserve. A pied, sac au dos, il ne lui avait fallu que 28 jours pour avaler les 950 kilomètres séparant Rouen de Marseille[21]. Une performance quand on sait qu'il fit halte, chemin faisant, au manoir d'Aubevoye, dans l'Eure. Là, avant de reprendre la route, il eut le temps de s'amouracher de celle qui allait devenir, sa femme : Odette Pain.

Avec les listes de morts pour la Patrie, celle des braves et leurs prouesses envahit les colonnes de la presse locale. La ligne éditoriale est claire : cette guerre est la lutte du bien contre le mal.

Oui, Henri Mainberte doit s'estimer heureux de retrouver son foyer. Son camarade de classe Lefrançois n'aura pas cette chance. Démobilisé peu après lui, il sera rappelé de nouveau et trouvera la mort à l'infirmerie militaire de Cormeilles-en-Parisis, emporté par la maladie.

Nos deux hôpitaux militaires

Convalescents belges et français chez Mustad

---

21 Après une guerre exemplaire, Jacques Darcel sera maire d'Anneville en 1919.

Henri Denise est un deuil. Si l'un de ses fils est au front, le second est réformé pour un pied mutilé dans un accident. Georges vient de s'installer comme courtier maritime à Morlaix. Hélas, il meurt à 27 ans et est inhumé à Duclair. Le cœur gros, notre conseiller général va maintenant vivre dans l'angoisse de perdre son dernier garçon.

De Norvège, Mustad tient ses promesses. En ce mois d'octobre 1914, son château a bel et bien été aménagé pour accueillir une douzaine de militaires. Cinq soldats belges y sont déjà convalescents aux soins d'un infirmier de la Croix rouge de Rouen. M. Helmer, le directeur de l'usine, vient les visiter régulièrement.

Cet exemple fait des émules. Route de Caudebec, M. Dupont aménage deux appartements médicalisés dans sa propriété. Là, c'est le Dr Allard qui aura la charge de ces huit lits.

A la gare de Duclair fonctionne maintenant une commission de ravitaillement. La commune de Saint-Pierre-de-Varengeville lui adresse un premier lot de 37 couvertures. Bref, la solidarité s'organise.

Les drames domestiques

A Jumièges, un premier drame domestique finit par arriver dans l'une de ces fermes tenues par les épouses de mobilisés et qui se démènent avec la rage du désespoir. Sapeur-pompier, lieutenant de réserve, Léon Lambert est parti dès le 3 août. Un mois plus tard, à Maubeuge, il est capturé par les Allemands et restera prisonnier toute la guerre.

Un soir, au Conihout, son épouse, Marie-Madeleine Renault, envoie l'ouvrier agricole, puiser de l'eau à la Seine. Louis-Auguste Douville tarde à revenir. En portant ses pas jusqu'à la rive, Marie-Madeleine découvre alors avec effroi le corps de son domestique flottant inerte entre deux eaux. Douville avait 44 ans.

Ils sont 140, les soldats mobilisés à Varengeville. En novembre 1914, une souscription communale permet d'acquérir pour ces Poilus chandails, chemises, ceintures de flanelle... On achète aussi de la laine avec laquelle les femmes confectionnent des tricots et des passe-montagnes. Une collecte a lieu également sur les hauteurs d'Hénouville, menée par deux élus, l'adjoint Legendre et Émile Quibel.

Mort d'un patron

Mais voilà qu'à Villers-Ecalles, on enterre un grand manufacturier, Louis Prévost, mort subitement à 59 ans.

Avec ses associés, Albert et Jules Grenier, Prévost avait fondé ici une teinturerie et une filature qui connut les grandes inondations de 1910 puis un incendie en 1913. Les ouvriers, dans la crainte du chômage, avaient alors déblayé eux-mêmes les ruines pour accélérer la reconstruction[22]. En leur allouant des habitations à bon marché, Prévost était à leurs yeux le patron idéal.

L'usine Prévost et Grenier à Villers-Ecalles.

Membre de la Société industrielle de Rouen, Louis Prévost avait prêté sa plume au bulletin de cet organisme et possédait aussi une filature à Sotteville.

Le jour de son enterrement, tout le gratin de l'économie locale est donc là et, bien sûr, le député de Bagneux. Le fils du défunt est absent et pour cause : il est sous-lieutenant au 39ᵉ de ligne engagé alors au front. C'est donc le beau-frère du disparu qui mène le deuil. En grand uniforme. Car le commandant Homais est lui aussi mobilisé.

---
22 Gilbert Fromager, *Le canton de Duclair à l'aube du XXe siècle*, 1986.

La médaille de l'adjudant Pouette

Novembre allait sur sa fin. Après le sursaut salutaire de l'armée française, le front semblait désormais se stabiliser. On apprit à Duclair l'attribution de la Médaille militaire à l'adjudant Pouette, du 16ᵉ RI, le fils d'Octave, un vieil employé de chez Mustad demeurant rue du Marché. Deux mois plus tôt, Georges Pouette avait été grièvement blessé lors de la bataille de la Marne. Sa section menait un assaut à La Fosse-Martin quand un tiers des effectifs fut mis hors de combat. Pouette reçut pour sa part une balle et plusieurs éclats d'obus qui lui brisèrent l'humérus. Ce militaire de carrière a déjà 17 campagnes derrière lui, essentiellement en Afrique. Là, dans la Marne, il vient de frôler la mort et en réchappe avec les honneurs. Mais, pour lui comme pour ses deux frères mobilisés, la guerre est loin d'être finie[23]...

Premiers services funèbres

En revanche, Georges Lécuyer n'a pas eu cette chance. Caporal au 319ᵉ d'Infanterie, il était parti pourtant confiant en la Victoire. Aux combats de Jonchery, une balle explosive lui a déchiqueté la jambe. Après plusieurs interventions chirurgicales, cet ancien employé de commerce vient de mourir à l'hôpital Sainte-Marthe de Périgueux. Sa dernière consolation aura été d'apercevoir, penchés sur son lit de souffrance, les visages de sa femme et de sa sœur venues de Duclair. Duclair qui fait des obsèques solennelles à ce héros de 29 ans, père d'un enfant. Dans l'église Saint-Denis, après ces quatre mois de guerre, Lécuyer symbolise les six autres Duclairois dont on a appris officiellement la mort. Ils sont en réalité plus nombreux. « *Saluons*, dit Denise, *saluons ces victimes du devoir, saluons aussi les parents infortunés qui pleurent leurs enfants bien aimés. S'ils n'ont pas la consolation de les voir reposer près d'eux, ils peuvent au moins penser qu'ils dorment du dernier sommeil sur la terre de France qu'ils ont défendue avec tout leur courage contre un ennemi dont la barbarie n'a d'égal que la déloyauté.* »

Rite désormais bien consommé, en décembre 14, Henri Denise préside un nouveau service funèbre de l'abbé Guéroult. On honore,

---

23 Gravement intoxiqué en 1916, il obtiendra notamment la Légion d'honneur.

cette fois, Victor Barbey, sergent-chef au 236ᵉ RI, emporté dans la Somme à l'Echelle-Saint-Aubin. Son sacrifice aura ainsi contribué au succès de la course vers la mer en faisant barrage à l'avancée allemande.

Le sergent-chef Victor Barbey (Coll. Martial Grain)

Né d'un cordonnier de Jumièges, Victor tenait une charcuterie, rue Pavée, à Duclair où il avait épousé Eugénie Mase. Il est tombé en recherchant 200 soldats disparus lors d'une reconnaissance[24]. Victor Barbey avait trois enfants. Un secours de 200 F sera accordé à sa veuve comme il est d'usage depuis le 30 août 1914.

Service funèbre aussi à Varengeville en l'honneur de Henri Hede, 41 ans, soldat du 21ᵉ RIT, terrassé à Foucquevillers. De la classe

---

24 Son nom est à la fois sur le monument de Jumièges et celui de Duclair.

d'Henri Mainberte, il était dans le même régiment. Mais lui, il n'a pas eu le bonheur d'être renvoyé dans ses foyers.

Ne quittons pas Varengeville où sonne encore le tocsin. Cette fois, c'est pour l'incendie de la ferme Avenel. Charles Pigache, le maire, dirige l'intervention des pompiers et des bénévoles comme Dumont, l'adjoint, Mainnig et Baron, conseillers municipaux. 2 500 gerbes de blé, les sacs de grains prêts pour la livraison, la batteuse mécanique, tout part en fumée. Une perte alors que l'Armée pompe pour ses besoins une grande partie des ressources agricoles du pays. Et c'est elle qui fixe les prix.

Les grandes collectes

La guerre sera rythmée à l'arrière par de grandes collectes nationales. En ce mois de décembre 1914, partout, la journée dite du Petit drapeau belge réunit des fonds considérables au profit des réfugiés. Il revient aux communes de les recenser et surtout de les prendre en charge. Seulement, les budgets sont limités et la guerre s'annonce bien plus longue que prévue. Gens du Nord et Belges vont devoir trouver un emploi. Quelques autochtones considèrent d'un mauvais œil ces *horsains* suspectés de vivre à leurs crochets. Les autorités prêchent donc l'union sacrée et les incidents sont rares.

Dans les villages, les quêtes, les subvention se multiplient aussi au profit des blessés de guerre, du Noël aux Armées, comme à Varengeville, Boscherville ou encore Yainville, commune pourtant bien démunie. A Saint-Paër, c'est Mme de Joigny en personne qui, pendant la grand messe, passe le plat sous le nez des paroissiens au profit de la Croix rouge. Son comité est du reste présidé à Rouen par de Bagneux, le député de la circonscription[25].

A Villers-Ecalles, Charles Démeilley, l'adjoint au maire, démarche la population avec le garde-Champêtre, Victor Delabarre tandis que le curé sollicite ses ouailles. Ici, une femme va particulièrement se distinguer : Mme Letestu, l'institutrice. Une sainte laïque. Au profit des combattants, elle multipliera les séances récréatives avec l'appui du maire, M. Préaux.

---

25 Adalbert de Bagneux fut délégué par le ministère de la Guerre prés de la Croix rouge de Seine-Inférieure, de l'Eure et du Calvados.

Le départ de Gaston Legallet

Gaston Legallet, voilà encore un personnage que nous suivrons jusqu'au bout. Comme la petite Andréa Mainberte, Henri Denise, le docteur Allard... Tous ont des personnalités, des parcours différents. Mais croiser leur destin nous éclairera sur ces années noires.

Gaston est le fils de Louis Legallet et Marie Laillier, les boulangers d'Heurteauville. Un certificat d'études obtenu à Jumièges, il entre dans les bureaux de Mustad en 1903 alors que ses parents sont établis à Duclair. En décembre 1914, à 21 ans, le voilà mobilisé à son tour. Son frère, receveur de l'octroi à Duclair, est parti dès le 2 août. Si nous allons suivre Gaston Legallet, c'est que dans quelques mois, il entreprendra la rédaction d'un carnet de route. Souvent laconique, ce document tient plus du pense-bête que du journal de guerre. Mais il n'aura pas été écrit en vain et méritait d'être publié ici...

Déjà une plaque commémorative

Dès le 20 décembre 1914, à Varengeville, l'usinier du Paulu, Édouard Delaporte, propose la mise en place d'un plaque commémorative où seront gravés les noms des soldats de la commune morts au combat. Il en faudra deux pour les contenir tous[26], tant la liste n'en finit pas de s'allonger. Cette commune sera toujours en avance pour honorer ses martyrs. Mais 1915 se profile déjà. La promesse d'une victoire rapide est maintenant oubliée. Après la guerre de mouvement, le pays s'installe dans une guerre de position. Longue, très longue...

---

26 Jean-Pierre Hervieux, op. cit, p. 69.

3
Ces héroïnes de 1915

Deux munitionnettes : Marguerite et Thérèse Mainberte...

Nous voilà en janvier 1915, seconde année de guerre. A Yainville, au hameau de Claquevent, la petite Andréa Mainberte a maintenant trois ans et l'univers dans lequel elle grandit est fait de peurs et de pleurs. Ses sœurs aînées, Thérèse et Marguerite, sont en âge de travailler. On les retrouve bientôt ouvrières d'armement. Coiffées d'une charlotte, un badge épinglé à la poitrine, elles sont vêtues d'un bleu de chauffe dont le pantalon bouffant à larges poches s'arrête au-dessous du genou. Nos *munitionnettes,* comme on les surnomme, portent une chaîne autour du cou d'où pend leur petite montre ronde comme c'est alors de mode.

Accident sur le quai

Le quai de déchargement à Duclair, cadre de nombreux accident du travail.

Remplacer les adultes, les jeunes gens y sont mal préparés quand les droits du travail sont mis de côté. A Duclair, le quai maritime sera le lieu de tous les dangers. En manœuvrant un lourd wagon tiré par des chevaux, Alexandre Decaux, de Berville, se retrouve soudain coincé par la charge. Lucas, son patron, le transporte aussitôt au café Lemercier tandis qu'arrive le Dr Allard. Celui-ci ne peut que constater le décès du jeune ouvrier. Il avait 18 ans

Soldat inconnu avant l'heure

Le 4 février 1915 mourut à l'hôpital de Darnétal un jeune Poilu natif du Trait. Nul ne le connaissait ce blond aux yeux bleus. Mais la foule qui suivit son cercueil en fit le symbole de tous les combattants anonymes. Un soldat inconnu avant l'heure...

Carte postale du 37ᵉ RI représentant un blessé secouru par une infirmière.

Né au Trait en 1893[27], boulanger de marine, Bertrand Francis Lacoste appartenait au prestigieux 37ᵉ régiment d'infanterie commandé par le colonel Lacapelle. Blessé en Belgique à la jambe par un éclat d'obus, il fut d'abord soigné à Dunkerque. On l'évacua le 31 janvier 1915 à Darnétal où fonctionnait un hôpital bénévole sous le vocable de Sainte-Marthe.
Les soins qui lui furent prodigués n'y purent rien et les obsèques de ce jeune Poilu allaient prendre un caractère totalement inattendu. Alors médecin à l'hôpital 30 bis, le Dʳ Lemesle les relatera ainsi :

« *La sympathie mutuelle qui s'était établie entre la population et les hospitalisés de Sainte-Marthe se manifesta d'une façon particulièrement touchante, au mois de février, lorsque mourut à l'hôpi-*

---

27 Il était le fils de Dominique Onésime Delacôte et de Marie Pinguet.

tal un petit fantassin de la classe 14, *Francis Delancold* (sic). *C'était un pauvre garçon, né dans la campagne normande, aux environs de Duclair. Dans un combat près d'Ypres, il avait été blessé grièvement, et, après un terrible voyage, il était venu mourir chez nous, à quelques kilomètres de son pays. Il était mort sans proférer une plainte, sans exprimer un regret, à la manière des soldats français.*

« *La nouvelle de son trépas se répandit rapidement dans la ville, comme s'il se fît agi d'une personne connue. L'on fit une collecte pour déposer une couronne sur son cercueil. Une seconde couronne fut offerte par les habitants de la rue Saint-Pierre, suivant l'usage qu'ils observent lorsqu'un décès survient dans leur quartier.*
« *La bière, couverte d'un drap tricolore sur lequel s'amoncelaient des fleurs, fut suivie d'un cortège nombreux et recueilli : blessés ayant la tête bandée ou le bras en écharpe, enfants des écoles, de toutes les écoles qui marchaient gravement, impressionnés par le caractère tragique de la cérémonie, orphelines de Sainte-Marthe, le front penché et le chapelet en mains, combattants de 70 venus pour rendre hommage au jeune soldat endormi dans la gloire, représentants de la municipalité, industriels, ouvriers, personnel de l'hôpital.*
« *Toute cette foule émue sentait profondément que ces obsèques, et que ce jeune inconnu dont elle suivait la dépouille avant qu'il n'allât – plus heureux que tant d'autres qui n'eurent point de tombeau – reposer dans le cimetière de son village, faisait partie de cette masse anonyme de défenseurs qui, littéralement, nous avaient fait à tous un rempart avec leurs poitrines.*
« *Lorsque tour à tour, M. le doyen de Carville et M. le premier adjoint, faisant fonction de maire, l'un au nom de la Religion, l'autre au nom de la Cité, adressèrent un dernier adieu au soldat mort pour la France, on sentit bien au frisson qui parcourut l'assemblée que de tels sacrifices ne peuvent rester stériles, car non seulement ils sauvent la corps de la Patrie, mais encore ils magnifient son âme*[28]. »

---

28 Communication de Michel Moreau à l'auteur d'après le livre du Dr Lemesle sur l'hôpital bénévole de Darnétal, 1917.

La journée du 75

Alors que se poursuivent les quêtes pour les blessés, on organise le 7 février 1915 une journée du 75. Pour adoucir le sort des soldats du front, de charmantes quêteuses proposent à la population l'insigne du fameux canon, symbole de la puissance militaire française[29]. Seulement, s'il est redoutable dans une guerre de mouvement, le 75 montre ses limites dans une guerre de position où l'artillerie lourde est bien plus efficace. Et là, la France accuse du retard.

C'est à cette époque que commencent à fleurir dans les tranchées ces petits journaux humoristiques rédigés par les Poilus. Quant aux Allemands, seraient-ils exclus de la communauté chrétienne ? A l'initiative du Pape, des prières pour le succès de nos armes sont dites dans toutes nos églises.

Les frères Lubin, d'Heurteauville. Eugène, du 119e, deux fois blessé, deux fois cité. Marqué d'une croix, Charles, du 139e. (Coll. Marchand)

Fauchée par une voiture

Les automobiles sont encore rares sur nos routes poudreuses. C'est toujours le règne de la traction animale alors que s'est développée la bicyclette. En mars 1915, au hameau de Saint-Paul, Madeleine Burgot, 6 ans, ne prend pas garde. Elle traverse précipitamment la route pour rejoindre un cycliste de sa

---

29 A Villers-Ecalles, les quêteuses sont Angèle Berteau, Thérèse Colignon, Alice Degremon, Jeanne Demeillez, Marguerite Drouet, Marcelle Fermin, Augustine Heurteaux, Marie-Louise Jourdaine.

connaissance. Arrive une voiture pilotée par un filateur de Rouen, Alexandre Mabire, trésorier du syndicat patronal. Percutée, la gamine hurle de douleur dans la pharmacie Bobée où elle a été transportée par l'industriel. Mais elle se remettra de ses multiples fractures.

Fréquents seront les accidents au hameau de Saint-Paul.

Le même mois, Duclair enterre Pierre-Jean-Baptiste Pigache, figure du canton. Il aura siégé quarante ans au conseil municipal d'Anneville dont vint-et-un dans le fauteuil du maire. Il y a foule dans l'église Saint-Denis pour dire adieu à ce chevalier du Mérite agricole.

Le sanglier reste l'ennemi des cultures. Au Trait, un propriétaire terrien, Ernest Montier, multiplie les battues dans la forêt domaniale. Vingt, trente fusils y prennent régulièrement part. Le valet de limier est Maxime Passerelle[30], un homme des bois originaire de la Poterie-Matieu. Il est flanqué de M. Faudet, garde au service de M. Prévost de la Moissonnière, actionnaire du droit de chasse en ces lieux. Dans cet exercice, les meilleures gâchettes ont pour noms Boquet, de Duclair, Fleury, Simon, Baron, Delisle... Un ragot de 45 kg tué lors de la troisième battue régalera les

---

30 Son fils, Gaston Passerelle, sera maire d'Yainville de 1945 à 1964.

indigents du Trait. En revanche, malheur aux braconniers ! A Varengeville, Alphonse Dufils tendait une tente de collets quand il fut surpris par Maton, le garde au nom prédestiné. Résultat: 50 F d'amende.

Les douaniers du Trait durant la Grande guerre (coll. J.-C. Quevilly).

A Duclair, le 6 avril 1915, courue pour son commerce des bestiaux, la foire de Pâques a son importance accoutumée. Mais cette fois, les attractions, les jeux sont supprimés « *en raison des circonstances* ». Pourquoi diable les enfants en sont-ils privés ?

Les quêtes se poursuivent

Les quêtes en faveur des soldats se poursuivent. A Jumièges, en ce mois d'avril, même le notaire, Maître Rousée, donne de sa personne. Il est le gendre du maire de la commune assassiné en 1910 par l'un de ses conseillers. Le produit va à l'Union des Femmes de France qui gère l'hôpital 101 à Rouen[31]. Une partie de l'argent est converti en achats de lainages, caleçons, tricots, chaussettes et couvertures. Une autre quête, opérée par Mmes

---

31 Cette quête fut menée aussi par MM. Boutard, Gruley, Glatigny, Lamy, Renault, Gossey et Bien.

Ameline[32] et Piolet, permet d'acheminer une centaine de draps aux magasins d'habillement de Rouen. Des draps, on en adresse aussi du Trait, d'Hénouville[33]. Ils prennent la même direction par les bons soins des maires.

Le service de draperie du magasin régional à Rouen.

Quant à Mme Letestu, l'institutrice de Villers-Ecalles, elle continue de mener son sacerdoce laïque en faisant confectionner par ses élèves des mouchoirs et des chaussettes au bénéfice encore des Femmes de France. Mais on est soucieux aussi du sort des gens du pays. A Boscherville, maire depuis 1912 et père d'un Poilu, Léonis Danet met ses propres charrettes à la disposition de ses administrés pour leurs besoins en ravitaillement à Rouen. Son dévouement lui vaudra d'être réélu... jusqu'en mai 1944 !

Journal de guerre

C'est le 24 avril 1915 que Gaston Legallet entreprend la

---
32 Sur la place de Jumièges, les Ameline tiennent alors le café de la Forge.
33 Au Trait, la campagne fut menée par Mlle Fercoq et Leroy, à Hénouville par Mmes Derivery, Duparc, Letourneur et Lozay.

rédaction de son journal de guerre. Ce jour-là, il quitte Lisieux, lieu de regroupement de son régiment, pour rallier la région de Beauvais. Le lendemain, il écrit : *« Rejoint le 119e, passé à la 19e compagnie. »* Le 119e régiment d'infanterie a déjà une drôle d'histoire à son actif. Lors de la Noël de 1914, dans les tranchées de la Somme, sa division fraternisa un instant avec les Allemands en échangeant cigarettes contre victuailles. Au cours de cette brève parenthèse, une demi-heure peut-être, un soldat français reconnut même un ancien collègue de travail rappelé de Paris par le Keiser. Dans les jours qui suivent le début de son récit, Gaston Legallet note sommairement son emploi du temps quotidien : exercice, revue, marche, repos, lancement de grenades... Le 28 avril, alors qu'il cantonne à Milly, il a ce cri du cœur : *« Bouffé un canard ! »* On est de Duclair ou pas...

Un poisson rare

A Duclair justement, un jour de marché, les curieux s'interrogent sur les quais. Ce que l'on prend d'abord pour un poisson de mer surprend par ses formes et sa dimension. On se décide à lui faire la chasse mais l'animal facétieux se déjoue des tentatives de capture. Ce n'est qu'au soir que M. Partoy, le receveur-buraliste, parvient à le cerner à la Maison-Jaune. Deux coups sur la tête ont raison de cette taupe de mer plutôt rare dans ces parages. Le marsouin mesure un peu plus d'un mètre et pèse sa vingtaine de kilos.

La liste noire s'allonge

Ce que l'on ignore alors dans le chef-lieu, c'est que l'un de ses habitants, un de plus, vient de périr au feu. Il s'agit d'un jeune Anglais, Charles Cooke, engagé à 17 ans[34]. Il est mort le 2 mai. En revanche, on apprend officiellement la mort d'Henry Ponty. Né à Saint-Marguerite, soldat au 38e RI, ce commerçant de Duclair est tombé à Cauroy-les-Hermonville, dans la Marne. Un nouveau service religieux est célébré à sa mémoire en l'église Saint-Denis. Ce même mois, tous les maires de la presqu'île d'Anneville tapent du poing sur la table : ils exigent la gratuité des bacs. De tous les coins

---

34 *Bulletin de l'archidiocèse de Rouen*, 5 juin 1915, p. 504. Charles Cooke ne figure pas sur le monument aux morts de Duclair.

de Normandie, on propose d'acheminer des tonneaux de cidre aux Poilus.

Gaston Legallet blessé

Au 319e, le fantassin de 2e classe Legallet poursuit son journal. Il est de l'offensive en Artois. Le 9 mai 1915, il écrit : *« Pris la garde. Forte canonnade sur Arras. Avons gagné 5 km. La canonnade a duré de 8 h du soir jusqu'à 3 h sans arrêt. Bu une bouteille de champagne avec Lamy, Lenfant et Lebourg. »*

Le lendemain, *« Départ pour les tranchées. »* Le 11 mai, le 319e est engagé à l'ouest de Neuville-Saint-Vaast. Sa mission : appuyer un régiment du XXe corps en attaquant la position de la Folie où les Allemands sont solidement retranchés. Les assauts succèdent aux assauts. En vain. Le 12 mai, à La Targette, il est trois heure et demie quand une balle transperce la cuisse de Gaston Legallet.

Il est aussitôt évacué loin du front à l'hôpital Cours-Dacier de Saumur. Il y restera quatre mois avant une longue convalescence à Tours. Puis ce sera Lisieux. En tout, plus d'un an loin de l'enfer.

Saumur, 28 juillet 1915, assis ici près de l'infirmière (Coll. Jean Legallet).

Le premier film de Guitry

Revenu à Yainville pour plusieurs mois, Sacha Guitry travaille alors à un projet de film : *Ceux de chez nous*. Pour ses premiers pas derrière la caméra, il filmera douze gloire nationales, douze de ses amis dont beaucoup sont familiers de la villa yainvillaise : Monet, Mirbeau, Rodin... Il s'agit là d'une réplique à un manifeste des intellectuels allemands. Pour Guitry, c'est sa façon à lui de faire la guerre. Ce documentaire muet, il va le doubler en compagnie de son épouse, Charlotte Lysès. Mais déjà la mésentente règne au sein du couple. Guitry n'a d'yeux que pour une jeune actrice : Yvonne Printemps.

Le feu chez Cabrol

Au Paulu, la route de Duclair à Barentin conduit à l'usine Cabrol.

Mauvais coup pour l'économie du canton de Duclair. Fin mai, à Varengeville, le feu attaque la filature Cabrol & Cie. Le sinistre est tel que les pompes des usines voisines viennent prêter secours : celles de Badin à Barentin, Prévost à Villers-Ecalles, Delaporte à Varengeville. On achemine aussi celle de Duclair. En produisant une étincelle, une ouvreuse aura enflammé le coton. Denise et Pigache sont sur les lieux ainsi que Lefebvre, le juge de Paix du canton. Sous leurs yeux, une grande partie de la production est réduite à néant et des machines sont détruites. Mais, vaille que vaille, l'usine continue de tourner. Jusqu'au prochain drame.

Le mauvais sort frappe aussi en forêt du Trait en cette fin mai 1915. A 57 ans, Joseph Foucault à sept enfants. Trois sont sous les drapeaux. Avec son collègue Lemoigne, il est à couper des arbres au lieu-dit la Maison du garde. Il est temps d'aller déjeuner. Les deux hommes sont sur le départ quand un coup de vent abat un chêne largement entaillé. La plus grosse de ses branches écrase le thorax de Foucault. Sa mort est instantanée.

Ils renoncent à leurs prix

A l'école communale de Duclair[35], M. Maclart, le directeur, est aux anges. Henri Bois, l'un de ses élèves, accède à l'école supérieure de Rouen. C'est le fils du maréchal de logis de gendarmerie. Il est au front.

La communale de Duclair.

Pour participer à l'effort national, l'école fera le sacrifice des livres de prix remis en fin d'année scolaire aux lauréats. L'argent ira à des œuvres de guerre. Gonthier, l'instituteur d'Epinay-sur-Duclair, en fera de même. Ce renoncement est alors une constante un peu partout en France.

---

35 Deux instituteurs de Duclair, MM. Anouilh et Stringre, seront tués à l'ennemi. Deux classes porteront leur nom sur une plaque de bois. Ils seront de nouveau honorés en 2015.

Et vint une nouvelle campagne de souscription : la Journée française au bénéfice des orphelins. Celle-ci aura lieu chaque année et, encore une fois, les communes du canton ne seront pas avares[36]. Pour dégager des fonds, Boscherville ajoute à la quête un concours de tir doté de lots tandis qu'à Saint-Paër, en bonne dame patronnesse, Mme de Joigny sollicite encore une fois les paroissiens.

Un symbole abattu en plein vol

C'est à cette époque qu'un oiseau rare de belle taille apparaît un beau jour dans le ciel de Saint-Paër. Ce que voyant, Elie Leteurtre, un cultivateur, épaule aussitôt son fusil et abat le volatile. Quand on se penche sur son corps, il n'y a aucun doute : c'est une cigogne d'Alsace. Tout un symbole. Par les temps qui courent, la cigogne incarne une terre pour laquelle nos Poilus se battent. Devant les regards réprobateurs, Leteurtre s'empresse de jurer qu'il ignorait la nature de cet animal inoffensif avant de tirer.

Les désespérés...

En juin 1915, une femme d'Hénouville inaugure la liste de ceux qui, durant cette longue guerre, mettront fin à leurs jours. Un lundi, l'épouse d'Eugène Pelfrène, le forgeron de la Grande-Rue, s'absente un instant de la salle de son café pour se rendre au jardin. Quand elle revient, mauvaise surprise : deux billets de 10 F ont disparu du tiroir-caisse.
Quelque temps après, les soupçons se portent sur une femme de 55 ans. Curieusement, celle-ci vient d'effectuer des achats qui semblent bien au dessus de ses moyens. Interrogée par les gendarmes de Duclair, elle clame son innocence. Le soir, l'accusée annonce sa volonté d'en finir à son mari. Il ne pourra rien faire,

---

36 A Duclair, la quête fut menée par Mlles Savalle, Levillain, Sanson, Chalot, Riaux et Blanchet. A Boscherville par Mmes Robert, Cauville, Laquerrière, Fenot, Oscar Andrieu, Émile Pigache, et Mlle Périer. A Varengeville par Mlles Quevilly, Leseigneur, Pigache, Saillard, Toussin, Bessin... A Saint-Paër par Mlles Maurice, Philippe, Bataille, Chandelier, Besuter, Tabouret, Hémard et Jonquais. A Villers-Ecalles par Mmes Brard, Grandsire, Hautot-Lecointe, Hémard, Levaillant, veuve Morel, Médard, Morel, veuve Prévost, Préaux et Mlle Sylvie de Dejacgher, Belge.

paralysé, il est cloué au lit. On retrouvera le corps de l'infortunée dans la citerne de sa cousine, voisine de la maison. On imagine le climat délétère qui régna alors dans le village...

La permission finit mal

Permissionnaires à Heurteauville devant le café Saussay. Parmi eux : Louis Lépagnol, du 3e escadron du Train, aura la Médaille de la Victoire. (Coll. Marchand)

Avec juin 1915 est venu le temps de la fenaison. Nombre de soldats mobilisés vont bénéficier d'une permission agricole. C'est le cas de Joseph Quesnel, 32 ans, douanier à Villequier et enrégimenté à Rouen. Un vendredi, à 5 h du soir, il arrive à bicyclette à Berville pour aider son beau-frère, M. Béard. On retrousse ses manches et tout finit par un repas autour de la table de ferme. La nuit tombe. A 10 h, Béard va chercher la barque de son voisin pour permettre à Joseph de regagner Villequier où l'attend sa femme.

On rit en montant à bord. L'embarcation est petite, si petite que le militaire doit se tenir à genoux tandis que le paysan rame gaillardement. A mi-parcours, ankylosé, Quesnel se redresse pour se dégourdir les jambes. Mais voilà qu'il perd l'équilibre, s'agrippe désespérément à son vélo et coule à pic. Béard ne pourra rien faire.

Chaque mois apporte maintenant sa nouvelle collecte nationale. Juin 1915 est celui de la Journée de l'Orphelinat des Armées. Le canton répond partout présent[37].

Nouveau drame sur les quais

Sur les quais de Duclair, en juillet, encore un accident chez Lucas, l'entrepreneur en déchargements. Cette fois, la victime est un gamin de 16 ans, André Sargentigni. Il remonte de la cale d'un charbonnier par l'échelle de fer quand ses pieds viennent à lui manquer. Le petit Rouennais tombe lourdement au fond du navire. Le voilà maintenant étendu chez son oncle, Albert Lemarchand. Pas une parole ne s'échappe de sa bouche. Le Dr Allard constate plusieurs fractures. L'espace de quelques jours, et André reprendra bientôt le travail. Il le faut bien.

Convoi militaire de passage devant l'hôtel de la Poste.

---

37 A Hénouville, la quête fut menée par Mlles M. et H. Danet, S. Douillot, P. Lefèvre. A Duclair, par Mlles Heurteault, Pain, Prouet, Lefaix, Bersonet et Ponty. A Epinay-sur-Duclair par Mme Dufay et M. Gonthier, l'instituteur. A Varengeville par Mlles Matou, Deschamps, Leseigneur, Ouin, Leriche, Aubé, Arson, Houin, et les écoliers. A Boscherville par Édith Mauchrétien, Madeleine Delarue, Madeleine Hys et Georgette Platel. A Heurteauville par Mlles Barnabé, Duval, Herment et Marchand. A Saint-Paër : Mlles Bataille, Chandelier, Tabouret, Jonquais, Babois, Philippe et Maurice.

Le sang-froid de Mme Ponty

Si, encore une fois, les enfants s'exposent aux accidents de travail, les épouses d'agriculteurs mobilisés aussi. A Jumièges, celle de Georges Ponty a 22 ans. Un soir de juillet, elle est occupée à la fenaison avec ses ouvriers. C'est elle qui conduit la faucheuse attelée à deux chevaux. Le champ est borné par des pierres. Soudain, l'attelage heurte l'une d'elles. Dans le choc, Mme Ponty a le poignet droit broyé par la machine, son pouce gauche est complètement mutilé, sa tête est même prise dans l'engin et l'on retrouvera une partie de sa chevelure projetée au sol. Courageusement, avec des moyens de fortune, la paysanne se fait ligaturer la main pour arrêter le sang. La voilà qui marche un, deux kilomètres jusqu'à l'abbaye où les religieuses de Torfou, logées par Mme Lepel-Cointet, lui donnent les premiers soins. Ces enseignantes voilées sont aidées en cela par le curé du village, l'abbé Lequy. Alerté, le Dr Allard fera transporter cette héroïne à l'Hôtel-Dieu de Rouen[38].

Fabrication de paniers par un conscrit de la presqu'île de Jumièges.

---

38 Son époux sera démobilisé en mars 1919. Le couple aura sept enfants. Médaille d'Orient, médaille serbe, Georges Ponty est décédé à Jumièges en 1937.

La loi des séries

Décidément, ce bon Dr Allard a fort affaire avec Lucas, l'entrepreneur des quais qui emploie aussi des vieillards. Héros de Reishoffen, patriarche d'une famille nombreuse, M. Léonard est un vétéran de 70. Septuagénaire, il travaille toujours et on le voit aujourd'hui sur les quais de Duclair, conduisant les chevaux fumants qui traînent un lourd wagon de houille. A l'embranchement qui mène à la gare, le vieil ouvrier glisse sur un rail et s'affale sur le pavé. Une roue lui passe sur l'estomac et le tue. Cette fois, la gendarmerie et le juge de Paix viennent ouvrir une enquête. Mais la responsabilité de l'entrepreneur n'est pas engagée dans cette succession malheureuse d'accidents du travail.

Une colonie belge

Après les bombardements de l'Yser, en Belgique, les religieuses du couvent d'Houthulst ont trouvé refuge en France. Leur souci : créer une colonie scolaire pour accueillir les petits réfugiés de leur pays. Le 21 juillet 1915, cinq bonnes sœurs sont conduites en automobile de Rouen à Saint-Paër où le maire, Max de Joigny, met à leur disposition son château des Vieux.

La colonie belge du château des Vieux, à Saint-Paër.

Le domaine est alors déserté, de Joigny réside en effet dans son second château, celui de Launay. La colonie des Vieux sera la première d'une série de soixante placées sous la houlette du gouvernement belge réfugié à Sainte-Adresse, près du Havre. En dix jours, la gentilhommière des Vieux est aménagée pour accueillir d'abord 110 enfants. Encadrés par cinq autres sœurs, ils arrivent le 31 juillet en gare du Paulu et reçoivent un accueil chaleureux.

Ces têtes blondes seront nos protégées durant des mois. Outre le couple de Joigny, les bienfaiteurs de la communauté seront les Delaporte ou encore M. Lafosse, industriel à Deauville et sa fille. Trois classes vont bientôt fonctionner sous la direction de sœur Gertrude. Le Dr Allard sera chargé du suivi médical alors qu'un aumônier, le pasteur Joseph Vantemsche, arrivera fin août.

Tentative de viol

La chaleur d'août 1915 monta manifestement à la tête de Raoul-Désiré Lecollier. Cet ouvrier agricole de 27 ans est employé depuis quelques jours à la ferme Laîné, au Mesnil-sous-Jumièges. Quand la fille de la maison, une petite de 11 ans, se rend à l'étable pour abreuver un veau, Lecollier la suit, claque la porte derrière lui, renverse brutalement la fillette sur le sol et lui bourre la bouche de paille pour l'empêcher de crier. Mais la gamine parvient à se faire entendre de son père. Il accourt et se rue sur le domestique déjà déculotté. Le viol a été évité de peu. Lecollier ira se rafraîchir les sens à Bonne-Nouvelle.

Maudis quais de Duclair !

Lucas ! Toujours Lucas !... Un samedi, matin, Georges Souday, 15 ans, est à pelleter du charbon sur le quai. Un wagon roule sur ses rails, dépasse la grue à vapeur. En passant, les trépidations du convoi libèrent le crapaud de la grue. 500 kg s'abattent et brisent le bassin du jeune garçon. Le Dr Allard le fait transporter chez ses parents. Maudits quais de Duclair...

Septembre 1915 apporte la crainte de la rage. Ça et là, on signale des cas dans le département. La France a alors besoin d'or, de beaucoup d'or pour sa défense nationale. Les jours de marché,

Henri Denise n'hésite pas à faire d'une salle de la mairie la succursale de la Banque de France. Les bas de laine de vident et l'on vient échanger son métal précieux contre des billets ou des bons du Trésor.

Un mobilisé parmi d'autres : Eugène Gaston Demagny, ici en compagnie de sa femme Georgette. (Coll. Jean Legallet). Natif de Mauny, boucher rue Pavée à Duclair, les autorités militaires ont porté ce commentaire au regard de sa profession : « Ne sait pas tuer... »

La malédiction des Sieurin

A Saint-Paër, Eugénie Herment, 36 ans, est encore de ces héroïnes de l'arrière. Son mari, Louis-Anthime Sieurin, était l'aîné d'orphelins, ce qui l'avait dispensé de faire l'intégralité de son service militaire dans ses jeunes années. En revanche, le 3 août 1914, le 39ᵉ RI n'a pas oublié d'appeler ce quasi-quadragénaire. Un jeudi matin, Eugénie donne le coup de main au battage chez ses voisins. On la voit emprunter une échelle pour escalader une meule de grain. Mais elle bascule et Eugénie se brise net la colonne vertébrale. Allard aura beau lui prodiguer les meilleurs soins, Mme Sieurin meurt le lendemain, laissant deux enfants aussitôt recueillis par la famille. Ceux-ci ne reverront jamais leur père. Il sera tué le 18 juillet 1918 dans l'Aisne.

Une guerre gourmande

La quête d'octobre est justement au profit des éprouvés de la guerre[39]. Une guerre de plus en plus vorace. Les jeunes soldats sont appelés avant l'heure, on fait la chasse aux planqués en les ramenant dans leurs dépôts. Les resquilleurs sont aussi à l'index. Sur le marché de Duclair, une cultivatrice a étalé devant elle six livres de beurre. Un certain Lefebvre, de Boisguillaume, achète le tout au prix convenu. Mais il est pris d'un doute et fait vérifier le poids de son achat : il manque 300 g. Les gendarmes de Duclair enregistrent sa plainte. L'affaire ira en correctionnelle...

La malchance s'acharne

A peine remise de ses émotions, l'usine Cabrol est encore éprouvée. Un jour d'octobre 1915, en début d'après-midi, un ouvrier aperçoit une flamme imposante s'échapper d'un batteur. En un éclair, le feu gagne les balles de coton. Tous les employés peuvent quitter à temps l'atelier d'embobinage. Il faudra une heure pour vaincre l'incendie avec les pompes de l'usine et celles de Barentin. Les dégâts sont spectaculaires mais le chômage évité. En bon patron paternaliste, M. Cabrol fait un don conséquent aux pompiers, sans oublier les indigents de la commune[40].

La colonie belge s'organise

A la colonie scolaire des Vieux, une chapelle a été inaugurée

---

39 Au Trait, une vente de pochettes fut opérée par Mmes Montier, Leroy, Gacoin, Bidault et Mlles Thérèse Colart et Yvonne Leboucher. A Villers-Ecalles, les quêteuses furent Mmes Houel, Letestu et Sorel et Mlle Alice Heurteaux.
40 Hervieux, op. cit, p. 69.

dans les communs du château. On y célébrera les offices en flamand et le pasteur Joseph Vantemsche va pouvoir procéder à de premières communions solennelles.

Quinze soldats belges viennent aussi décorer les trois salles de classe. Dépendant du ministère de l'Intérieur belge, la communauté de Saint-Paër est sous la tutelle du député Jean Ramaekers. Les colonies de Normandie ont leur hôpital basé à Ouville-l'Abbaye, un service de ravitaillement centralisé à Yvetot et un vestiaire au Havre. Des communautés sont également établies dans la région parisienne. Toutes reçoivent des aides du gouvernement français et du secteur privé. Ils seront quelque 10 000 le nombre d'enfants répartis dans les colonies belges durant la Grande guerre.

L'aide aux prisonniers

En novembre 1915, alors que le prix des denrées et des combustibles provoque des inquiétudes, le canton est doté d'une caisse de secours aux prisonniers de guerre. Une commission est chargée de l'envoi de colis et Henri Denise exhorte ses homologues à débloquer des fonds dans chaque commune[41]. Si la solidarité s'exprime de manière collective, elle n'exclut pas les initiatives individuelles. Au Trait, Charles Fercoq, un propriétaire, remet au maire 35 F. Son souhait : que 10 F aillent à un prisonnier et 25 a cinq soldats du front.

Duclair ressent une certaine fierté quand l'un des siens reçoit la Légion d'honneur. Fils d'un brigadier de gendarmerie, Emile-Louis Lefrançois avait été enfant de troupe aux Andelys puis élève officier à l'école d'infanterie de Saint-Maixent. Il en était sorti sous-lieutenant. Promu capitaine au début de la guerre, il servait dans le 129ᵉ d'infanterie[42]. Si on se réjouit de cette distinction, on pleure en revanche la disparition d'un autre Duclairois, Émile Lepage, membre de Société musicale. Au cours d'un service funèbre, l'abbé Guéroult rappelle les qualités de ce garçon de 28 ans, caporal au 403ᵉ RI, tué deux mois plus tôt à Ville-sur-Tourbe lors de l'offensive française en Champagne.

L'emprunt de la Victoire

A Hénouville, deux vieux journaliers, les époux Rémy, errent dans les ruines de leur maison détruite par un incendie. Au soir de leur vie, ils n'ont plus rien. Et ce ne sont pas eux qui souscriront à l'emprunt national qui vient d'être lancé. La municipalité de Duclair y adhère en décembre 1915. Certaines communes, au trop maigre budget, lancent des souscriptions populaires. Cet emprunt est présenté comme le gage nécessaire de la victoire future de la France. En chaire, les curés poussent leurs ouailles à satisfaire les percepteurs lors de leur visite dans les paroisses.

On organise aussi la Journée du Poilu qui permettra aux soldats de revenir en permission. Le Poilu, une vieille expression revenue depuis peu dans le langage courant. Il ne vient pas d'un manque de savon à barbe. Le Poilu exprime la virilité. Vincent Scotto en fera une chanson aussi populaire que *La Madelon*.

A Villers-Ecalles, l'infatigable Mme Letestu fait applaudir à tout rompre ses élèves et engrange de précieux bénéfices. Ces élèves,

---

41 Cette commission était composée de Denise, maire de Duclair, Pigache, de Varengeville, Lebourgeois, d'Anneville, Lefebvre, de Jumièges, Carpentier, d'Epinay.
42 Emile-Louis Lefrançois mourra de ses blessures le 18 avril 1918.

elles exprimeront encore leurs talents en confectionnant de leurs blanches mains des serviettes destinées à l'hôpital 101 de Rouen.

Comme un tremblement de terre

La rage est toujours à nos portes et Quevillon réglemente la circulation des chiens. Mais l'événement du mois, c'est l'explosion, le matin du 11 décembre 1915, peu avant 10 h, du dépôt de poudre de Graville, près du Havre, où travaillent des ouvriers belges. Plus de cent morts, 1 500 blessés !

Cliché pris du Havre à 5 km de l'explosion...

La secousse est ressentie dans tout le département et se propage tel un tremblement de terre. Visitant l'abbaye de Jumièges, trois officiers australiens et leur guide sont projetés au sol. Autour d'eux, le transept de l'église Saint-Pierre s'effondre, des lézardes se dessinent sur les restes carolingiens, l'escalier monumental du jardin s'éventre. L'espace de quelques secondes, la fin de l'année 1915 a des allures d'apocalypse. Avec la mort de leurs compatriotes au Havre, c'est donc une communauté belge endeuillée qui fête

Noël à Saint-Paër. Le comité anglais adresse des bonbons et des jouets aux enfants de l'Yser, l'entreprise Mustad offre des pommes de terre, M. Lachèvre de Rouen une somme de 100 F et Mme Aubin des mouchoirs. Les jeunes colons assistent aussi à une projection de film chez les Delaporte. Les sœurs ont détecté de jolis brins de voix chez ces demoiselles et Madeleine Mallisse a formé une chorale qui se produit à l'occasion des fêtes de la Nativité. Tous les lundis, les gamins écrivent des cartes postales à leurs parents. En espérant des jours meilleurs.

A Jumièges, Jules Lefèbvre, le maire, a encore une terrible nouvelle à porter dans une chaumière de la rue Mainberte. Jeune soldat du 128e RI, Charles Deshayes est mort dans la Meuse. Peu après sa naissance, une discorde liée à l'alcool avait séparé ses parents. Jusqu'au jour où un oncle maternel déchargea son fusil de chasse sur son père. Et le voilà qui meurt à 20 ans dans une tranchée de Calonne. *« Quelle vie ont eu nos grands-parents*[43]*... »*

---

43 Jacques Brel, *Jaurès.*

4

Les grands projets de 1916

Les paluches de Gaston Deroo s'abattent lourdement sur la barre. Le tournant de la Roche est franchi avec dextérité. Quand surgit la proue d'un steamer anglais qui percute la péniche. Le naufrage de l'*Amédée* ouvre l'année 1916 avec fracas dans le canton de Duclair. Longtemps, des feux resteront signaler ce danger pour la navigation.

La chasse sera encore interdite cette année. Mais le sanglier reste le fléau des campagnes et de partout s'élèvent des voix pour l'exterminer. Des opérations de destruction sont donc autorisées. A Epinay, c'est Louis Carpentier, le maire, qui mène lui-même une battue et abat un solitaire de 240 livres. Du reste, une association ne va pas tarder à se créer, regroupant les propriétaires et cultivateurs riverains des bois de Jumièges, Le Trait et Saint-Wandrille. Elle se réserve la faculté d'exiger des détenteurs des droits de chasse des indemnités égales aux ravages causés par les lapins, cerfs, biches et autres sangliers. Son siège social sera l'Hôtel-de-Ville de Duclair.

Quant à la guerre, son appétit de chaire fraîche reste insatiable. Le 10 janvier 1916, le enfants Mainberte voient partir l'un de leurs cousins. A 18 ans, Alphonse Callais[44] est incorporé au 1er groupe cycliste de Noisy, Ce jeune homme sera un jour le maire de Jumièges.

Elle n'attendra plus ses fils

Ce mois de janvier 1916 se termine par l'un de ces drames déchirants qui affectent les femmes du pays. A Sainte-Marguerite, il est 10 h du soir. Journalière, la veuve Busnel a terminé son ménage et se dispose à lire le journal. Comme le curé de la paroisse, l'abbé

---

[44] Né en 1897 à Yainville d'Onésime Callais et Marie-Joséphine Mainberte.

Patou, deux de ses fils sont au front. D'ailleurs l'un d'eux doit revenir bientôt en permission. Alors, elle s'informe Mme Busnel, elle s'informe sur cette sale guerre qui n'en finit pas. Tout à coup, sa lampe en porcelaine explose, le feu se propage sur la table, atteint les vêtements de la sexagénaire. Vite, elle se précipite hors de sa maison pour se rouler dans l'herbe. Les voisins accourent a son secours mais le mal est fait. Mme Busnel n'attendra plus ses fils. Après une journée d'horribles souffrances, son regard se vide et se fige.

Mère courage

Le café de M. Paine, près de la maison de la veuve Protais.

Une autre femme du canton est aussi éprouvée. C'est Mme Protais qui vit seule à Ambourville avec ses six enfants. Son mari avait été jadis réformé pour sa petite taille : 1,52 m. Mais en ajustant leurs binocles, les médecins militaires avaient fini par le juger assez grand sous la toise pour partir service armé en novembre 1914. Seulement, il était alors malade. Henry Protais est mort à Ambourville un mois plus tard. Il avait 35 ans et n'a jamais rejoint le 21e RIT, ce fameux régiment des vétérans. Ses deux frères, Georges et Hippolyte, étaient par contre au feu. Le second, du 2e de Zouaves, fut tué à Ypres en 1915. A 22 ans.

Un samedi après-midi, la veuve d'Henry Protais s'en va porter des pommes de terre chez M. Paine, son voisin. En se retournant, elle sursaute : sa maison est en feu ! Vite, elle court sauver ses enfants restés dans la demeure. Le petit dernier, né depuis son veuvage, a trois mois et dort dans son berceau à l'étage. Tous devront la vie au courage de leur mère qui n'a plus que ses yeux pour pleurer. Tout est détruit : les meubles, le linge, la grange où la vache est retrouvée carbonisée. La propriétaire de la maison, Mme Clépoint, est assurée. Pas Mme Protais qui est sans ressources. Un voisin charitable offre un logement provisoire à la pauvre famille.

Chez Mustad

Clarin Mustad et ses quatre frères : Ole, Halfdan, Wilhem et Christian.

Que deviennent les Mainberte, à Yainville ? Les deux filles aînées, Thérèse et Marguerite sont toujours ouvrières d'armement. La troisième, Marie-Louise, a 15 ans et fait son entrée chez Mustad où une trentaine d'hommes ont été mobilisés dès 1914. A Claquevent, Marie-Louise se lève chaque matin à cinq heures et demie et part à pied pour Duclair. Ses journées sont de douze heures. Seul le samedi les ramène à huit. Ce jour-là, l'activité s'arrête à 15 h pour le réglage des machines. Pénétrer dans l'usine n'est pas donné à tous. Marie-Louise Mainberte doit montrer patte blanche. Une cloche, deux portes protègent l'entrée des ateliers. Tout est compartimenté pour protéger les secrets de fabrication et les fenêtres sont percées tout en haut des murs. Venu en barque d'Anneville, le père Lhuillier a préparé l'arrivée des ouvriers en allumant la chaudière à 4 h du matin. Dès le début du conflit, Mustad a livré des clous à l'Armée. Puis on a fabriqué des pièces d'obus et des tourneurs se relaient nuit et jour à cette tâche. Mustad à beau concourir à l'effort national, de mauvaises langues, peut-être des concurrents, font courir ce bruit : Mustad est Allemand ! Oui, selon les expressions de l'époque, c'est un *Allemoche*, un *boche*, un *Fritz* ou un *Fridolin* si vous préférez ! L'entreprise norvégienne doit démentir ces allégations par voie de presse...

Quarante-six prisonniers

En février 1916, les prisonniers de guerre du canton sont maintenant au nombre de 46. Tous ont déjà reçu trois colis composés de lainages, vêtements, chaussures, provisions... On leur en enverra un tous les mois. A la tête de sa commission, Henri Denise est satisfait. L'argent rentre dans les caisses, les prisonniers manifestent des remerciements appuyés dans leurs lettres.

Le ministère de la Guerre se décide à prêter des chevaux à nos cultivateurs. Dans chaque commune rurale se constitue un comité d'action agricole élu par les paysans restés au pays et les femmes chefs d'exploitation[45].

La neige tombe à gros flocons tout au long de février. Son épais tapis rend la circulation difficile et perturbe les communications téléphoniques. Le pays semble engourdi de tristesse. Le cours de ces journées d'hiver charrie des noyés. C'est d'abord le corps d'un matelot anglais, Joseph Claire, qui est découvert par les gendarmes de Duclair. Emery et Lemarchand aident la maréchaussée à le sortir de l'eau. A Duclair encore, on repêchera le corps de Jean Teffaine, soldat du 77e RI. Au Trait, celui de Julien Richard. Disparu depuis

---

45 A Duclair, le comité d'action agricole fut composé de MM. Godalier père, Bidault, Paul Lefrançois, Bersoult et Bocquet. Les élus étaient Prunier, Lechevallier, Lucas et Léveillard.

trois semaines, cet homme de 56 ans était l'instituteur de la colonie belge de Caudebec-en-Caux. Oui, le pays semble engourdi dans la tristesse. Mais au Mesnil, un coup de fusil fait beaucoup de bruit. L'ancien maire, Frédéric Chéron, se tire une cartouche en plein cœur. A 54 ans, il se savait malade.

Jeux interdits

Toujours au Mesnil, Marie Blondel gère seule la ferme en l'absence de son mari, Clément Douillère, soldat au 5e d'Infanterie. Profitant de l'absence de sa mère, le gamin de 5 ans met le feu à la grange que loue la famille au Conihout. Le propriétaire du bâtiment a un nom prédestiné : Flambard. Exactement le même cas de figure va se dérouler chez Mme Lefebvre, au Trait, où 600 bottes de paille partent en fumée par le fait du fils de la maison.

Ces frères unis dans la mort...

Adrien et Lucien Bien, natifs d'Heurteauville, habitants de Jumièges. Le premier est mort en octobre 1914 dans la Somme, le second dans la Meuse en mai 1915 (Coll. Martial Grain).

De mauvaises nouvelles continuent d'arriver au pays. On se souvient de la Sainte-Madeleine de 14, devant le café d'Henri Bruneau, à Yainville. Mobilisé dans le régiment de son frère Ernest, le 3ᵉ de Génie, Henri Bruneau disparaît exactement le même jour que lui à Douaumont. Henri, on le croira un temps prisonnier. Hélas, il est bien mort à quelques mètres d'Ernest.

A Jumièges, la disparition des frères Bien va aussi marquer les villageois. A leurs yeux, ils symboliseront tous les malheurs de cette guerre. Leur père mettra fin à ses jours à la vue des Allemands de la Seconde guerre... La générosité envers les blessés ne fléchit pas en ce mois de mars 1916. Pour ceux de l'Hôtel-Dieu de Rouen, René Pigache, à Boscherville, offre 25 F et une paire de volailles. Un exemple parmi tant d'autres. Le 26 mars, les blés sont réquisitionnés dans la Seine-Inférieure et la vie chère met les marchés en effervescence. Alors, on encourage la culture de la pomme de terre.

Le château des Boches...

Longtemps, on appela cette villa inachevée « la maison de Guillaume »

Depuis le début de la guerre, la société Pont-à-Mousson a été contrainte de replier ses activités. En vue d'édifier une aciérie loin du front, elle achète le quart des terrains communaux d'Yainville et, en mars 1916, les plans d'une distillerie de goudron se dessinent. Mais d'abord, il faut construire la maison du directeur. Et cette curieuse construction donnera lieu à une légende...

Entre Yainville et Jumièges, près de la ferme Maréchal, un champ de huit hectares est acheté à cet effet. La demeure est mise en chantier en cette année 1916 et se poursuivra l'année suivante. Ce sera la toute première maison de France en béton armé. Un véritable bunker !

Assise sur un sous-sol, ses murs ont cinquante centimètres d'épaisseur. Tout est prévu : pièces spacieuses, toilettes et salles de bain au rez-de-chaussée et à l'étage, cheminées, chauffage central. Deux terrasses dominant la Seine allaient rechercher le soleil. Mais la demeure ne sera jamais achevée. Plus tard, elle donnera lieu dans le pays à foule de légendes.

On dira qu'elle fut entreprise par un certain Otto, ou Hauta, exploitant d'une scierie et qui fit travailler sur ce chantier des prisonniers allemands[46]. Ce qui explique cette architecture germanique. D'autres vous certifient qu'il s'agissait d'un projet hôtelier contrarié par une faillite. D'autres encore iront plus loin : Belge, le directeur était doublé d'un espion allemand chargé de surveiller le trafic de la Seine depuis ce poste avancé. Bref, en référence au Keiser, on appellera longtemps cette construction abandonnée la maison de Guillaume...

Mort du curé de Jumièges

Mais revenons en 1916. Ici où là, des figures du pays disparaissent. A Duclair, en avril, on inhume un vétéran de 70, M. Venambre, ancien garde-forestier, emporté à 75 ans. Il était membre de plusieurs sociétés locales. A Jumièges, c'est l'abbé Lequy[47] que l'on enterre. Il était curé de la paroisse depuis 30 ans. Le notaire lui rend un vibrant hommage sur sa tombe.

Avril 1916, Sacha Guity et son épouse sont de nouveau à Yainville. Mais sa nouvelle coqueluche, Yvonne Printemps, occupe toutes ses pensées. Des Zoaques, il lui écrit secrètement des lettres

---

46 Une entreprise Veuve Hauta & fils travailla sur le chantier du Trait. Un certain Otto dirigea un temps la Société havraise d'énergie électrique.
47 Né à Sedan en 1846, Jean-Marie Lequy avait été vicaire de Bertreville-Saint-Ouen et de Sassetot-le-Mauconduit puis curé de Sassetot-le-Malgardé.

enflammées et remonte très vite dans la capitale. Pour d'impérieuses raisons artistiques, cela s'entend...

Une grotte de Lourdes...

Fin avril, les enfants de la colonie belge vont en promenade à Duclair et contemplent, béats, les savantes manœuvres du bac. M. et Mme Delaporte les reçoivent dans leur propriété. Puis, le 1er mai, une grande fête religieuse a lieu à la colonie. Pour obtenir la guérison de sa fille malade, Mme Mallisse, la directice, a fait réaliser une réplique de la grotte de Lourdes au fond du jardin. Dans la chapelle du château, l'aumônier bénit une représentation de la Vierge. Les enfants se rendent ensuite en procession jusqu'à cette petite caverne. Les jardins du château, abandonnés depuis quatre ans, sont maintenant labourés pour fournir des légumes frais à la cantine.

Le labour des jardins de la colonie des Vieux.

Avec mai, reviennent les beaux jours. De grandes battues ont lieu en forêt de Brotonne mais aussi à Saint-Wandrille et au Trait. Là, en deux mois, Ernest Montier dirige une vingtaine d'interventions, assisté du brigadier forestier Fleury. Bilan : 26 laies et sangliers, 45 marcassins et 34 biches sont décimés.

Attentats à la pudeur...

Un journalier de 60 ans, s'attire les plaintes de plusieurs enfants de Boscherville. La gendarmerie de Duclair ouvre une enquête pour outrages publics à la pudeur. L'homme assure ne se souvenir de rien. Il est ivre en permanence. Les enfants, ils restent les victimes privilégiées des accidents du travail. A Ambourville, M. Thierry transporte de l'eau à l'aide d'un tonneau métallique posé sur la plate forme d'un camion. Âgé de 13 ans, pupille de l'Assistance, son vacher est à l'arrière. Il grimpe soudain sur le tonneau, vacille et tombe sous le camion qui l'écrase. Ernest Lemarchand meurt instantanément.

Est-ce la faim qui pousse, à Heurteauville, un gamin de 15 ans, Raymond Lefrançois, à s'emparer de deux lapins chez Georges Cléret ? On les retrouve bientôt chez son amie Augustine Vautier, une journalière de 23 ans. Nos deux complices accueillent-ils les gendarmes en dévoilant la partie la plus charnue de leur anatomie ? L'histoire ne le dit pas. Simplement qu'ils écopent d'un procès-verbal pour outrage public à la pudeur.

Premier projet de monument

Nous sommes en juin 1916 et déjà Varengeville songe à ériger un monument à la mémoire de ses enfants morts au combat. Pour récolter des fonds, un comité va bientôt se former, présidé par le député[48]. Dans cette localité, la liste des désespérés s'allonge. Marie-Louise, une veuve de 64 ans vit seule et n'est pas apparue depuis plusieurs jours. Son voisin la retrouve pendue dans sa maison. Depuis plus d'un an, son fils est sous les drapeaux...

---

48 Constitué le 9 juillet 1916, il comprendra MM. de Bagneux, Gaston Le Breton, membre de l'Institut, Henri Denise, Charles Pigache. Le président actif sera Édouard Delaporte, les vice-Présidents MM. Dumont père et René Dieusy, le trésorier Édouard Quibel et le secrétaire Anthime Lecanu. Membres : Henri Leseigneur, Victrice Lemoine, Amand Baron, Amand Heude, Alfred Golle, Amédée Hauchecorne, Désiré Quedeville, Anthime Lenoir, Louis Trépagny, Cyrille Brunel, Mmes Lebas, André Pigache, Vivron, Gallot, Oscar Genet, Alphonse Huet, Émile Levasseur, Louis Leclerc et M. Reniéville.

Le 25 juin, on quêta avec succès lors de la journée serbe. Alliée de la France, la Serbie n'avait pu résister à une seconde offensive autrichienne.

A Duclair, temps fort du commerce des bestiaux, la traditionnelle foire du Saint-Sacrement eut lieu deux jours plus tard. A cette époque, on nourrit le projet de construire une usine d'électricité pour alimenter toutes les localités longeant la Seine, de Caudebec à Pavilly. Une société louche alors sur des terrains de la Neuville, au Trait.

Ce pauvre Chéron

Le soir du 8 juillet, à Boscherville, trois jeunes domestiques de ferme s'en prennent à Pierre Chéron, un ouvrier agricole de 32 ans. Il essuie force coups de pied et de poing jusqu'à ce que Clotaire Grouet lui porte plusieurs coups d'un fort poinçon de couteau. Chéron se vide de son sang et on le porte dans une salle de la mairie. Les gendarmes de Duclair viendront arrêter Grouet et ses compères, Maurice Brumand et Alphonse Merre. Ils ont tous dans les 17 ans... Grave bêtise de jeunesse. Mais ils se rachèteront. Merre sera mobilisé en mai 1917 et ne regagnera ses foyers qu'en 1920.

Lourd d'orages, ce mois de juillet foudroie la ferme de Mme Burgot, à Heurteauville. Les deux frères Burgot, Henri et Albert sont alors au front. Ce dernier se distinguera en allant récupérer des blessés sous un bombardement en terrain découvert.

A Duclair, le mari de Mme Duval est lui aussi mobilisé. Elle ne peut assurer l'accostage des navires dont était chargé son époux et résilie son bail à regret. C'était sa source de revenus.

Mme Letestu, l'institutrice de Villers-Ecalles, est toujours sur le pont. Des fonds sont réunis pour l'œuvre du soldat blessé, l'Accueil français. Les élèves confectionnent des torchons pour l'hôpital 101, des gâteaux pour les Poilus. Ils se sont mobilisé aussi pour la souscription au profit de la Cocarde du souvenir. Nombre d'entre eux sont reçus avec succès au certificat d'études de Duclair.

Deux fêtes nationales pour les Belges

Aux Vieux, le petits colons belges, en grande majorité des filles, sont maintenant si bien intégrés dans leur pays d'accueil qu'ils en marquent la fête nationale. Au matin du 14 Juillet, ce sont des exercices de gymnastique et des vocalises. L'après-midi les voit arpenter en rangs la campagne vallonnée. Le 21 Juillet, c'est cette fois la fête nationale belge. Le matin est marqué par une messe solennelle dans la chapelle des Vieux. L'après-midi, Max de Joigny invite les enfants à visiter sa demeure personnelle, le château de Launay où Voltaire rêvait de finir ses jours. Une fillette lui récite l'*Ode à la Patrie* puis toutes chantent *La Marseillaise*. On acclame le roi et la reine des Belges puis, à la demande de M. de Joigny, *La Brabançonne* est exécutée. Tout se termine parmi des plantes verdoyantes pour savourer des gâteaux et de la bière rappelant le pays natal.

Les jeunes Belges de la colonie des Vieux..

Le lendemain, la colonie accueille le général Jungbluth, chef de la maison militaire du roi des Belges qui s'extasie devant les conditions d'hébergement de ses jeunes concitoyens. Ceux-ci s'amusent à compter les innombrables médailles qui parsèment sa poitrine.

Saint-Paër connaît ainsi des jours heureux. Mais aussi des plus sombres. Un samedi, à la ferme Tabary, la jeune Huret, 14 ans, surveille la petite de la maison, bébé de 17 mois qui finit par échapper à son attention, s'approche d'une cuve remplie d'eau savonneuse. Et l'on devine malheureusement la suite...

Guitry tire sa révérence

Cet été 1916 sera le dernier séjour de Guitry à Yainville. Il y arrive dans sa longue auto dont une vitre intérieure le sépare du chauffeur. Aux Zoaques, le maître écrit d'un jet *Faisons un rêve*. Lorsqu'il repose la plume, ses pas le conduisent vers la Seine où, entouré de ses lévriers. Il est épié de loin par les enfants Mainberte. Dans leur tête, il s'agit sûrement là d'un roi. La séparation du couple qu'il forme avec Charlotte Lysès va bientôt devenir effective. Charlotte conservera quelques années encore Les Zoaques avant de mettre en vente la propriété...

Le 8 août, une trentaine de jeunes Belges sont reçus chez les Dieuzy, à Varengeville. On leur donne les jouets laissés par les filles de la maison depuis leur départ du château.

L'Enfer, hameau du crime

Sur le marché de Duclair, au mois d'août 1916, on ne parle que de "ça". A Villers-Ecalles, le hameau de l'Enfer vient de justifier son nom. C'est là que vivaient dans l'aisance les Miot, un couple d'herbagers à la retraite. A 77 ans, Pauline Chauvin, l'épouse, était souffrante depuis quelques jours. Aussi chargea-t-elle son époux de ramener des médicaments de chez Duhazé, le pharmacien de Barentin. Quand il rentre ce samedi midi, Samson Miot trouve sa femme baignant dans son sang. C'est du moins ce qu'il racontera aux gendarmes. Livide, Pauline est allongée sur son lit de fer, les jambes nues, simplement vêtue d'un jupon et d'un corsage. Samson Miot appelle aussitôt sa voisine, Mme Lemoine, qui refuse de s'occuper seule de ce corps sans vie. Alors, on s'en va quérir l'aide d'une autre journalière, Mme Laroche. Les deux femmes se font vite une religion. Pauline Chauvin a reçu des coups de couteau. Miot, lui, parle de suicide. Et il en semble tellement convaincu qu'il se rend à la mairie et au presbytère pour préparer les obsèques, non sans avoir vérifié si le magot du couple était toujours à la bonne place, sous le matelas de sa femme. Dans un placard, une boite en fer contenait aussi des Louis d'or. Miot prend soin enfin de nettoyer la maison de toute trace de sang. Seulement, quand arrive le Dr Hideux, le médecin s'oppose au permis d'inhumer. Il alerte plutôt les gendarmes ainsi que le maire, M. Préaux.

Bientôt, la maréchaussée regarde l'octogénaire de travers. Un couteau maculé de sang est retrouvé sur son vieux chapeau de paille. Et sa femme a bien été poignardée. Près du lit sont aussi des pincettes toute tordues. Longtemps célibataire, ce n'est qu'à 60 ans que Samson Miot a épousé cette veuve âpre au gain et qui ne déliait pas facilement les cordons de la bourse. D'où de fréquentes disputes dans le couple. Mais de là à imaginer des intentions meurtrières chez l'époux... En niant farouchement, Samson Miot fut conduit à la prison de Rouen. Ce meurtre restait mystérieux. L'autopsie révéla que l'on s'était acharné sur la victime avec une violence que l'on ne saurait supposer chez un octogénaire. Où donc est la vérité ?

Sauvé des flammes

Encore une femme héroïque. Mme Nena Touzé, à Berville, sauve son bébé de huit mois, retenu prisonnier de son berceau dans la chaumière en flamme. Ce couple de journaliers a trois enfants en bas-âge et un parent à charge. Il est relogé grâce à la générosité des voisins.

C'est à la Fontaine, dit un dicton, qu'est le plus profond de la Seine. C'est aussi là que deux navires entrent en collision, courant août. Un bateau anglais envoie par le fond le vapeur *Ballogie*. Il n'y a fort heureusement pas de victimes.

Hippolyte Worms se profile

L'Allemagne dispose de cuirassés et de sous-marin qui mettent à mal la flotte française. L'idée de construire un chantier naval en bordure de fleuve, à l'intérieur du pays, court depuis le début de la guerre. Spécialisée depuis 1848 dans le fret maritime, la compagnie Worms entend construire un chantier naval pour reconstituer sa propre flotte de charbonniers et de pétroliers. Le gouvernement mesure l'intérêt d'appuyer cette démarche et la Seine est tout indiquée. Mais quel endroit choisir, Saint-Martin-de-Boscherville ? Le Trait ?

En août 1916, ce sont les Traitons qui semblent tenir la rampe. Située à proximité de la ligne Barentin-Caudebec, leur localité dispose de vastes marais et de terres incultes. Le fleuve y est large et profond, propice au lancement de navires au fort tirant d'eau. Ce serait une aubaine pour ce petit village de 300 habitants administré par Paul Aubert et Alphonse Leroy, l'ancien maire.

Les deux Hippolyte Worms : le fondateur et son petit-fils...

Encore une figure qui disparaît : Adrien Goimbault, receveur des contributions à Duclair, ancien capitaine des Mobiles, ami proche du Dr Allard, c'était un conseiller municipal impliqué dans l'Enseignement public. Ses obsèques sont suivies par la foule au rang de laquelle le commandant Danger, président de la Sentinelle, Maclart, dirigeant de la Fraternelle scolaire, Lattelais, délégué cantonal...

Assassinée à coups de soupière

A Heurteauville depuis maintenant trois ans, Marie Savalle partage sa maison avec un certain Savoye, 56 ans. Un type condamné à plusieurs reprises pour ivresse coups, vols et récidive. Au cours d'une rixe, Savoye avait reçu 25 coups de couteau qui avaient valu trois ans de prison à son adversaire.

Chez les *maqueux de fayots*, comme on appelle alors les gens d'Heurteauville, le couple se fait remarquer pour ses frasques d'après-boire. Un soir, trois paysans sont dans l'herbage voisin et perçoivent de nouveaux éclats de voix. Savoye est sur le seuil de la maison quand Marie le menace d'une soupière. Il a le temps de refermer la porte. La vaisselle vient s'y briser. Savoye, diront les témoins, rouvre alors, s'empare d'un gros tesson de vaisselle qu'il lance vers sa compagne. Atteinte en pleine tête, elle s'affaisse sur une chaise. Et cette chaise, c'est bien la seule chose qui appartient à Savoye dans cette maison. Alors, il lui hurle de s'asseoir ailleurs. Elle s'exécute. Et succombe trois heures plus tard d'une hémorragie.

Le brigadier de gendarmerie de La Mailleraye revient du front. 18 mois de combat, on ne la lui fait pas. C'est un militaire aguerri qui va interroger Savoye. Non, jure-t-il, il n'est pas rentré dans la maison. C'est par rebond sur la porte qu'un éclat de soupière a frappé Marie Savalle. En quelques sorte, elle aura été victime de sa propre violence. Les trois témoins démentent cette version et l'on a peine à imaginer qu'un ricochet ait pu frapper Marie au fin fond de sa cuisine. Le Dr Soleau va pratiquer l'autopsie. Savoye, lui, est conduit Rouen. Le lendemain, dégrisé, il passe à table...

La 140e Belge

Atelier dentelle à la colonie des Vieux.

En septembre furent inaugurés les nouveaux logements de la colonie belge. Ce qui donna lieu a une grande fête. Les 80 élèves les plus âgés sont répartis en trois groupes pour participer en alternance aux tâches ménagères mais aussi à des travaux de couture et d'artisanat. L'effectif va bientôt atteindre les 140 enfants avec l'arrivée d'une fillette de 4 ans, Maria Depoorter. Une nouvelle année scolaire débutera par une visite à la veuve de Louis Prévost, l'usinier de Villers-Ecalles décédé voici peu. On la remercie pour ses bontés, notamment le don d'aubes de communion.

Gaston Legallet repart en guerre

Voilà maintenant plus d'un an que Gaston Legallet a été grièvement blessé lors de l'offensive d'Artois. Il a connu les hôpitaux de Saumur, de Tours, de Lisieux. Puis à nouveau la caserne où les soldats normands côtoient des Parisiens. Il ne lui reste plus qu'une vilaine cicatrice à la cuisse gauche. Legallet est maintenant sous l'uniforme du 115e Régiment d'artillerie lourde et l'on a besoin d'hommes pour la campagne d'Orient. Voici un an, les Allemands sont parvenus à coaliser la Bulgarie et la Turquie contre nous. Et contre la Serbie. Depuis, les Alliés sont partis voler à son secours. L'objectif final est d'ouvrir un nouveau front pour délester celui de l'Occident. Mais avant cela, il faut reconstituer l'armée serbe...

Touriste en uniforme

En quittant sa terre natale, le jeune soldat va traverser la France en diagonale pour rallier le navire qui le conduira en Orient. A la vitre du train, le Normand découvre pour la première fois le grand pays qui est le sien et pour lequel il se bat. Son carnet se couvre de ses impressions de voyage. D'abord entre Alençon et Argentan : « *J'ai eu le bonheur de faire le voyage avec mon oncle que j'avais laissé le matin à Caen...* » Chemin faisant, Legallet dormira au Mans « *dans une salle réservée aux militaires* », il trouvera encore un lit à Saincaize puis à Langeau chez un mécano du nom de Perrin. « *Très bien reçu avec un bon dîner et un bon plumard.* » En traversant la chaîne des Cévennes, Gaston s'extasie devant « *ces montagnes où coulent de forts torrents et dont la vue m'a parue grandiose.* » Voici maintenant Nîmes où il parvient « *très fatigué mais enchanté du voyage.* » Là, Gaston passera dix jours « *au dépôt de la Glacière où est en formation l'armée pour l'Orient. La ville est belle...* » Puis on reprend la route en passant par Tarascon « *où avons trouvé du pinard.* » L'arrivée en pleine nuit à Marseille ne lui laissera pas le meilleur souvenir. « *Couché dans un baraquement. Réveil à 7h30 pour aller au fort Saint-Jean où nous avons bu le jus. Reçus par un biston qui n'a rien de commode. Il nous a fait déménager de là-dedans à toute vitesse. Nous avons été ensuite à l'American park où l'on était très bien...* » Boulevard Michelet, il s'agit là du plus grand parc d'attraction de la cité phocéenne reconverti en casernement. A la date du 30 septembre 1915, Gaston Legallet note enfin son embarquement à bord de l'*Odessa*. « *Le bateau lève l'ancre à 6 h du soir en même temps que le* Gallia *qui a coulé peu après...* »

Catastrophe maritime

Ce dont nous parle Gaston Legallet est l'une des plus importantes catastrophes maritimes de la Grande guerre. Géant des mers, le *Gallia* avait été transformé en transport de troupes. Le 4 octobre 1916, il est torpillé au large de San-Pietro, en Sardaigne par un sous marin allemand dont le pacha est d'origine française[49]. Le projectile traverse la soute à munitions et fait couler le navire en moins d'un quart d'heure. Bilan : 1 740 victimes, 600 rescapés recueillis par le *Châteaurenault*. Ce que Legallet ne sait pas, c'est que l'un de ses compatriotes est parmi les victimes: Grégoire Pigache, de Berville.

Mais laissons notre Duclairois naviguer vers Salonique, le port macédonien. Chemin faisant, il voit le Vésuve en éruption et fait escale à Naples. « *Nous avons la permission de descendre en ville, ce dont je profite en compagnie de Carré. La ville est jolie, les habitants ont peur. Bouffé du macaroni.* »

En reprenant la mer, le soldat en profite pour faire sa lessive, retailler son pantalon. Le soir, il prend la fraîche sur le pont en compagnie des copains. Tous ont toujours un regard anxieux quand apparaît au loin la silhouette d'un autre bâtiment. Mais la plupart

---

49 Lothar von Arnauld de La Perière fut l'as allemand de la guerre sous-marine. Cet arrière-petit-fils d'un lieutenant d'artillerie passé au service du roi de Prusse a coulé 194 navires.

sont des navires-hôpitaux. Bientôt, « *nous commençons à revoir la côte, ce qui nous semble bon. Nous sommes en mer Egée et avons passé cette nuit le cap Matapan, l'endroit le plus dangereux de la traversée. Avons communiqué par TSF. Passé devant Corfou.* » Et c'est enfin l'arrivé à Salonique. « *L'entrée du port est très surveillée. Grillages pour empêcher les sous-marins d'entrer. Des torpilleurs sont venus à notre rencontre...* » La ville grouille à l'orientale. On y parle français, espagnol, on y croise des uniformes anglais, des bœufs aux cornes effilées, des mules, des motos...

Quand Legallet prend la route du camp de Zeïtenlik, il respire encore en foulant la terre ferme : « *Il y a toujours la frousse qui nous tient lorsque l'on se sait à la merci de ces sous-marins du diable.* » Le camp s'étend sur une vaste étendue ondulée et dépouillée d'arbres où s'alignent les tentes françaises et britanniques. En allant coucher sous un marabout blanc, Legallet retrouve une vieille connaissance : « *je vois Glatigny et nous causons du pays...* » Le pays ? Fermons les yeux et retournons-y...

L'argent change de mains

Alors que revint la foire Saint-Denis, le mardi 3 octobre 1916, on décida d'organiser une journée cantonale en faveur des prisonniers. Leur nombre allait croissant et Clarin Mustad se montrait toujours aussi soucieux de leur sort. Il fit remettre 1000 F par M. Helmer, le directeur de l'usine qui ajouta 150 F de sa poche.

L'or continuait aussi d'affluer entre les mains de l'État. Charles Pigache, le maire de Varengeville, en recueillit pour 1 500 F[50] en une seule journée. Quant à son projet de monument aux morts, il drainait déjà 4 500 F.

Mais il arrivait que l'argent change de main avec des objectifs moins glorieux. Ludovic Fauvel, modeste journalier d'Heurteauville, se fit voler à cette époque toutes ses économies. Quelqu'un fut bien soupçonné. Mais allez le faire avouer sans preuve...

A l'automne 1916, des officiers du Génie belge sont chargés de tracer une petite voie ferrée le long de la départementale, d'Ambourville au bac de Berville. Il s'agit d'améliorer l'approvision-

---

50 En trois semaines, la somme fut portée à 7 500 F.

nement de l'Armée en bois[51]. Au Mesnil aussi on a facilité l'exploitation forestière. Depuis la forêt de Jumièges, une pente très inclinée sert à descendre les grumes du plateau forestier. Cette ligne funiculaire est à mi-chemin entre la chapelle Notre-Dame-Mère-de-Dieu et les Trous-Fumeux.

Le 29 octobre 1916, la journée des prisonniers de guerre mobilise toutes les communes du canton[52]. L'hiver s'annonçait rude et les captifs pouvaient compter sur tout cet argent centralisé par Henri Denise.

Prisonniers allemands à Berville.

A la même époque, manœuvré par Émile Persil et son fils Daniel, à bout de course, le vieux bac à rames de Jumièges prit sa retraite sans crier gare. Il fallut assurer le passage des piétons avec le bachot.

Sur le front d'Orient

Depuis son arrivée à Salonique, Gaston Legallet a une nouvelle fois changé d'uniforme pour endosser celui du 2e régiment d'artillerie coloniale. Les troupes françaises, britanniques et serbes sont enfin parvenues à stopper l'avance de l'armée bulgare. Après

---

51 Pierre Molkhou, *Berville-sur-Seine, du fil de l'eau au fil des siècles*, p. 18.
52 A Epinay la quête fut menée Mme Gonthier et Henri Herment, du bureau de bienfaisance. A Hénouville Mmes Lezay et Émile Marin, Mlles PL Lefèvre et M. Hacart.

avoir quitté le camp de Zeïtenlik, Gaston arrive en gare de Kilindir[53] le 18 octobre 1916. « *Tout d'un coup, une dégelée d'obus nous arrive. Un seul a été légèrement touché.* »

Document de mauvaise qualité mais document tout de même. Au bas de cette image, Gaston Legallet fait office d'opérateur téléphonique.

Les jours qui suivent sont d'une tout autre nature. « *21 octobre : nous avons été tranquilles. J'ai été à la pêche aux grenouilles, crabes et mangé de la tortue. 22 octobre : été à l'observatoire Piton des Zouaves. Vu le lac Dojran, les Velez... Bladaj s'est engueulé avec un cabot*[54] *du Havre. 23 octobre : porté soupe à l'observatoire. 24 octobre : resté au téléphone. 25 octobre : nous allons partir. 26 octobre : embarquement des pièces.* » Le 2e Rac va retrouver Salonique pour deux mois. Il y restera jusqu'à Noël...

---

53 Aujourd'hui Kalindria.
54 Cabot : caporal en argot militaire.

La Toussaint aux Vieux

Le jour de la Toussaint, les filles de la colonie des Vieux endossèrent les vêtements d'hiver offerts par un bienfaiteur de Rouen : robe noire, col blanc brodé, chapeau... Trois jours plus tard, des mères réfugiées dans la région vinrent rendre visite à leurs enfants, heureuses de les voir si bien traités. Hareng frais, anthracite, paires de draps, rien ne manque au fonctionnement de la colonie. Quant au Dr Allard, il multiplie ses visites, tantôt pour une otite, un pied meurtri, tantôt pour la diarrhée aiguë d'une pensionnaire, l'anthrax à la main d'une religieuse.

L'heure du goûter à la colonie belge

Triste automne...

A Hénouville, René Duval, 19 ans, est domestique chez Danet. Route du Havre, sur le bas-côté, le garçon conduit un cheval par la bride accompagné de son patron. Arrive une ambulance militaire. Au bruit du moteur, la jument se précipite devant le camion, entraînant son conducteur. Le pare-boue heurte la tête du palefrenier et le projette au sol. Ferdinand Danet emporte la victime chez lui mais il meurt dans les cinq minutes. Il fallut abattre le cheval aux jambes fracturés.

Un mort aussi à la filature Cabrol. Plusieurs jeunes employés s'attachaient à retirer un canot qui encombrait depuis des lustres le cours de l'Austreberthe. Soudain, Fernand Leboucher tombe à l'eau et personne ne sait nager. Ses camarades ne peuvent que donner l'alerte. Mais il est trop tard.

Ferblantier à Duclair, André Ouin sera une gueule cassée. En 1916, il a 26 ans quand un éclat d'obus lui fracture le maxillaire inférieur gauche. S'en suivra un état général médiocre, la perte de 25 dents. Il siégera avec Gaston Legallet à l'association des anciens combattants.

Veuf depuis quinze ans déjà, le maire de Varengeville ne reverra pas non plus son fils Marcel. Une de ces mauvaises lettres lui apprend qu'il est mort dans la Somme d'un éclat d'obus à la poitrine. Combattant du 76ᵉ RI, Marcel Pigache portait la Croix de guerre[55].

70 orphelins !

Ce triste automne n'épargne pas non plus le poète belge Émile Verharen. Il vient visiter l'abbaye de Jumièges le 27 novembre 1916. Le soir, après une nouvelle conférence à Rouen, il est poussé accidentellement par la foule et périt sous les rames d'un train en partance. On voulut l'inhumer au Panthéon. Sa famille s'y opposa.

Et voici le dernier mois de l'année. Le canton de Duclair souffre d'un problème de ravitaillement en charbon. L'autorité militaire interdit toute livraison par chemin de fer. Mais on ne désarme pas en interpellant le préfet. En tout cas, pas question de priver les écoliers de chauffage. La communale accueille alors 71 garçons et 61 filles. Celles-ci sont sous la direction de Mlle Gérard. Il faut subventionner les fournitures scolaires dont le prix a augmenté. On réduit l'éclairage public en ne maintenant que cinq becs de gaz sur le quai. Du coup, la nuit, il est interdit de laisser traîner bancs, caisses, pots de fleurs... Le sucre est rationné. 750 g par mois et par personne.

Au Trait, le lieutenant de louveterie Montier se flatte d'avoir détruit nombre de sangliers, renards, cerfs et biches. Quarante animaux en un mois et demi. Dans cette commune, le projet de chantier naval se précise. 300 hectares de terrains sont achetés au nom de la compagnie Worms[56]. C'est décidément une bonne année pour le village car, face à La Mailleraye, au hameau de Maison-Blanche, une raffinerie est sortie de terre : l'usine Terrasini. Elle s'appellera bientôt la Standard. 1916 va s'achever par la Journée des orphelins de guerre. Ils sont déjà 70 dans le canton.

Réveillon en Orient

Retrouvons Gaston Legallet à Salonique où il a passé Noël. Le lendemain, c'est le départ. « *Pris le train à 1 h. Débarqué à*

---
55 La Médaille militaire lui sera décernée à titre posthume en janvier 1922.
56 Allocution de Georges Majoux, 4 août 1921, Association française pour l'avancement des sciences.

Gumendzé où nous avons cantonné la nuit. Vu le Vardar ». Le Vardar, un long fleuve qui est aussi l'axe de communication du pays. La nuit suivante se passe au poteau 11. Puis *« départ à 7 h 30. Avons fait cinq heures en traînant nos sacs dans des brouettes et par des chemins tout à fait mauvais. Malgré la fatigue ressentie, ce genre de locomotion nous a fait bien rire. A 11 h, arrivée à la position. De suite au boulot pour faire notre position avec Chaignaud, Guillot... »*

Gaston Legallet est ici à gauche.

Dans les jours qui suivent, Legallet nous dit travailler aux plates-formes. Dans ce secteur est alors construit un nouveau pont.

Prières pour la Paix

A la colonie belge, où des vents violents ont endommagé la toiture, décembre 1916 se termine comme il avait commencé. Par des fêtes religieuses, des messes et des prières pour la Paix. Des cadeaux, des fournitures parviennent d'Angleterre, MM. De Joigny et Dieusy offrent des lapins de garenne et la librairie Hachette de Paris des livres.

Dix religieuses de Saint-Vincent-de-Paul encadrent les jeunes Belges.

Noël se fait autour d'un sapin au pied duquel sont déposés des présents offerts par les Drummond, de Londres. Et tout se termine aux cris de Vive l'Angleterre ! Vive la France ! Vive la Belgique !

Photo de la page suivante : Les élèves de M. Baille à Sainte-Marguerite-sur Duclair.

5
L'enfer froid de 1917

Depuis six mois, Marie Dauphin, veuve Lescarbotte, ne se remet pas de la mort tragique de son mari. En janvier 1917, elle assure seule la gérance du bac entre La Mailleraye et Le Trait. Un dimanche après-midi, sa mère commet l'imprudence de la perdre de vue quelques instants. Marie en profite pour descendre résolument l'escalier du ponton des pilotes. Et confier son corps à la Seine.

Le photographe Deschamps immortalise les glaces charriées par la Seine.

La Seine, elle charrie des glaçons à l'aube de 1917 et rares sont les bateaux à s'y aventurer. Voilà maintenant trois semaines que les habitants de la rive gauche sont bloqués sur leur presqu'île. Quand une nuit de février, le vapeur *Maine* descend la Seine dans un épais brouillard. C'est trop tard qu'il aperçoit les feux de position du bac de Duclair, mouillé à la cale de Berville. Il en percute l'avant, les amarres cèdent et le bac part à la dérive. On le trouvera au Trou-Buquet, à Yville. Les mécaniciens vont pouvoir le ramener à son lieu habituel mais il faudra quinze jours pour le remettre en service.

L'hiver est si rude que le conseil de révision est ajourné. On exhorte la population à épargner le blé, la farine, le pain. Le 19 février, un appel est lancé pour semer du blé en abondance cette année. Ce froid fait cependant la joie des enfants. Les marais sont gelés. Ils s'y risquent sur des *bargeoles*, sortes de luges en bois...

Le conseil de révision de 1917 à Duclair

A Duclair, M. Tarin, bien qu'octogénaire, est toujours ouvrier menuisier et sa fin de vie n'a plus de sens. Il habite route de Rouen, chez son neveu. Sa journée de travail terminée, il attache ses outils autour de son cou. Et disparaît ainsi lesté. MM. Pellu et Lecourt retrouveront son corps dans la Seine.

Le bourbier oriental

Depuis le début de l'année, Gaston Legallet a travaillé sans relâche à l'édification de plates-formes dans la région de Gumendzé. Si bien qu'il est touché par la maladie et exempté deux jours. Il est affecté au téléphone quand son poste est inondé. « *Éboulement. Traversé des pieds à la tête. Rempli de terre* », note-t-il brièvement sur son carnet. « *18 février : avions boches et français détruits dans un combat aérien. Mort des aviateurs.* » Quelques jours plus tard : « *Avion français prend feu et tombe dans les lignes bulgares. Mort de l'aviateur.* » Le 6 mars : « *Colonel Fanch est venu à la position. Le soir, raid d'avion... Ont laissé tomber des bombes. Rien de précis...* » Rien de précis, l'écriture de Gaston, elle aussi, se fait de plus plus indécise. Jusqu'à la fin de la guerre, son quotidien sera fait de bombardements, d'attaques, de tempêtes...

Ailleurs, un homme de Sainte-Marguerite se distingue. Le 23 mars, Gaston Tiphagne, un cavalier du 32e dragon s'approche d'un nid de mitrailleuses pour repérer les lieux. Son cheval est tué sous lui. Mais il s'en tire avec une citation...

L'agonie d'Henri Mainberte

En mars toujours aura eu lieu la Journée des militaires tuberculeux. Sans doute est-ce cette maladie qui ronge les poumons de Henri Mainberte, à Yainville, depuis son retour de guerre. L'inquiétude grandit dans le regard de Julia.

Plusieurs mois après la mort de l'abbé Lequy, Jumièges a la consolation de retrouver un prêtre dont le nom sonne comme un coup de clairon : Sosthène Levacher, curé de Houppeville. A Villers-Ecalles, une famille aisée n'a de cesse de secourir les indigents durant ce long hiver 1916-1917. Geste désintéressé. Son nom ne transpirera pas dans la presse.

Juliette, l'infanticide...

Avril va voir démarrer les travaux d'édification des chantiers du Trait. Mais le mois s'ouvre par un triste fait-divers. Depuis ses 12 ans, originaire d'Hénouville, Juliette Lecordier travaille dans les fermes du canton de Duclair où elle s'est attirée l'estime de ses employeurs. Elle a maintenant 22 ans et a trouvé une place de domestique à Boscherville.

Et puis un jour, alors que nul n'a prêté attention à ses rotondités, elle accouche en secret d'une fille. Huit jours plus tard, on retrouvera son petit cadavre enveloppé d'une chemise au fond du lit de Juliette. Elle a été trahie par une odeur pestilentielle grandissante. Voilà les gendarmes de Duclair. Ce bébé, jure l'employée-modèle, était mort né. En attendant l'autopsie du Dr Bataille, Juliette, est enfermée à Bonne-Nouvelle.

Quelques Duclairois impliqués dans la Grande guerre. En haut, Maurice Savalle. En bas à gauche, Jules et Georges Sagan. A droite : le brigadier Paul Bottois. Tous sont liés à Gaston Legallet (Coll. Jean Legallet).

Les USA entrent en guerre

Le 16 avril 1917, on lit aux écoliers un message du président Wilson : les États-Unis entrent en guerre contre l'Allemagne !Nos instituteurs développent aussi le rapport d'Henry Chéron, le sénateur du Calvados, sur les atrocités de l'ennemi. Enfin un discours de

René Viviani, ministre de l'Éducation, fait suite à ce réquisitoire.

Le pays sort avec peine d'un hiver si rigoureux qu'il se lit dans les blessures de l'abbaye de Jumièges. Le fenestrage de l'église Saint-Pierre s'est effondré et la morsure du gel annonce de nouveaux dégâts. Face à Jumièges, la tourbière d'Heurteauville a repris du service. C'est même l'un des plus grands chantiers du genre en France. 80 ouvriers y sont employés. Le maire, Charles Guérin[57], se frotte les mains.

Le désespoir d'un père

Cultivateur à Yainville, conseiller municipal, Édouard Deconihout a 57 ans et ne supporte plus la vie. Il est rongé de chagrin depuis la mort de deux de ses enfants. Le dernier en date, c'est Victor, conducteur de voitures publiques, décédé au début de 1914. Un de ses fils, Oscar, est maintenant sous les drapeaux. Le 26 mars, M. Deconihout disparaît de chez lui. On retrouvera son corps en avril, baignant près du quai de Villequier. Le Dr Solau, médecin de Caudebec, fit les constatations légales et la dépouille mortelle put prendre le chemin de Yainville. C'est alors qu'un autre garçon du défunt fut encore appelé au front[58]. Oui, cette guerre est gourmande. Nombreux sont les gestes désespérés, notamment de femmes apprenant la mort de leur époux, de maris trompés rentrés plus tôt que prévu en permission. Nombreux aussi sont les accidents dans cette société désorganisée. Par chance, le mauvais sort est parfois évité. En mai 1917, au Trait, une fillette de 14 ans allait être engloutie par la Seine quand François Riuscitti, capitaine du remorqueur des Ponts & Chaussées n° 9, réussit à la tirer de l'eau au tout dernier moment.

Les typhas de Jules Philippe

A cette époque se déroulent des manifestations contre la vie chère. Elles touchent la vallée de l'Austreberthe où des commerçants, comme Reniéville et Déporte, se plaignent de déprédations[59]. Leurs doléances resteront lettre mortes. La pénurie qui règne alors

---

57 Charles Guérin fut maire d'Heurteauville de 1904 à 1936.
58 Georges Deconihout, blessé en 1918. Croix de guerre, étoile de bronze.
59 Hervieux, op. cit. p. 70.

dans le pays stimule l'imagination. A la harelle d'Heurteauville, Jules Philippe fait une première récolte de typha, un légume dont le parfum, le goût s'apparente à l'asperge. On l'appelle aussi chandelle ou quenouille d'eau, roseau de la passion, asperge des cosaques et le typha s'accommode à la sauce crème. Jules Philippe se jure d'en récolter bien plus au prochain printemps.

La fin d'Henri Mainberte

Miné par la maladie, Henri Mainberte rend l'âme à Claquevent, en mai 1917. Il a 45 ans. Sa famille en restera convaincue : cette mort, il l'a ramenée de l'armée dans ses poumons. Mais la phtisie romantique n'a pas la noblesse de la blessure de guerre. C'est une maladie civile. Le mutilé inspire le respect quand le tuberculeux contamine.

Bien entendu, le nom d'Henri Mainberte ne figurera pas sur le monument aux morts. Pas même sur une tombe. Sait-on seulement où il repose. A Yainville, à Jumièges ? Mainberte est de ces oubliés de la Grande guerre, une de ces victimes collatérales endormies dans l'anonymat.

Au hameau de Claquevent, le café du Passage se situe ici à gauche

Au café du Passage, sa veuve, Julia Chéron, sera secondée par ses filles aînées pour élever les plus jeunes enfants que sont Émile, Raymond et Andréa qui a maintenant cinq ans. Ensemble, pour protéger ces petits, ces femmes devront lutter contre les aléas de la vie. Car ils frapperont encore à la porte de Claquevent...

Yainville tire le gros lot

Alors qu'Athanase Leroy, le maire d'Yainville, signe l'acte de décès d'Henri Mainberte, il est informé d'une enquête menée par M. de Douvres et portant sur la création d'une usine électrique dans les carrières de Claquevent. Si jamais le projet se réalise, il va révolutionner la commune. La Société havraise d'énergie électrique est issue d'une entreprise fondé par Charles Mildé en 1889. Elle possède des centrales au Havre, à Bolbec, à Saint-Romain-de-Colbosc. Résultat : la SHEE dégage des bénéfices qui régalent ses actionnaires. Et Yainville est retenu ! Comme Le Trait, ce petit village le doit à sa position idéale. Il est près de la Seine, ce qui permettra l'alimentation des circuits en eaux de refroidissement et l'acheminement du combustible venu de Cardiff. A défaut, il pourra venir par la voie ferrée. A Claquevent, le sol est sûr, c'est du rocher. Enfin, le tissu industriel de la région est important. Car même si Mustad fabrique sa propre énergie, même si chantiers navals du Trait auront leur centrale autonome, on pourra fournir du courant aux usines de la vallée de l'Austreberthe, alimenter la population du canton, voire celle de Caudebec...

L'église de Jumièges en péril

Déjà un monde nouveau se dessine quand s'effrite ce qui subsiste encore de l'ancien régime. A Jumièges, les ravages de l'hiver poursuivent leur œuvre. En juin 1917, le portail de l'église paroissiale s'effondre. Pourrie, pliant sous les poids des pierres et des tuiles, la voûte en bois s'affaisse. Les bas-côtés ne sont pas mieux lotis. Quant aux chapelles absidales, elles se dégradent inexorablement. Le monument est pourtant classée depuis 1867. De Rouen, l'érudit Georges Dubosc réclame des mesures d'urgence. Le chanoine Jouen lui emboîte le pas.

Ramdam au marché de Duclair. Un jour de juin, il est 10 h. Le cheval de M. Hébert, un paysan de Sainte-Marguerite, stationne devant un débit de boisson. C'est que Boutard, son conducteur, se trempe les moustaches dans quelque breuvage pour se désaltérer. Soudain, en terrasse, voilà l'animal qui renverse une chaise, prend peur, s'emballe et couche la voiture d'une cultivatrice qui roule mollement sur le pavé, jupe par dessus tête. Voilà qui aurait dû réjouir le sieur Vallois, quinquagénaire de Sainte-Marguerite. Mais il est violemment jeté à terre. Encore une fois le Dr Allard accourt.

La tournée épiscopale

Le 21 juin 1917, l'archevêque de Rouen fait halte dans le canton de Duclair[60]. Les bords de la Seine ne passent pas, aux yeux du clergé, pour la partie la plus fervente du diocèse. Mais nombre de paroisses ont délégué leurs enfants pour accueillir le premier des pasteurs. Les autorités locales sont aussi de la partie. Lors de son passage à Jumièges, le Cardinal Dubois constate l'état de délabrement de l'église paroissiale signalé par Dubosc. En revanche, il félicite Mme Lepel-Cointet pour ses efforts de conservation de l'abbaye. Le voilà à Duclair. Dans l'église Saint-Denis, le curé-doyen rappelle qu'il fut un temps question de détruire l'édifice pour en construire un neuf. L'archevêque lève les yeux au ciel et le remercie d'avoir empêché la chose. Il y va même de ses conseils pour la restauration du monument. Du moins quand celle-ci sera financièrement possible. Après quoi, il s'en va saluer l'ermite de la chapelle Sainte-Anne, à La Fontaine, puis prend la direction de Villers-Ecalles...

Ouvrier à 12 ans

Le 23 juin, l'archevêque est maintenant dans l'église Saint-Jean-Baptiste pour confirmer les communiants de plusieurs paroisses. Parmi eux, un gamin de Saint-Paër, Raphaël Quevilly. Il a pour parrains de confirmation M. et Mme de Joigny. Tutelle prestigieuse mais son sort n'est pas envieux. Raphaël avait 8 ans au début de la guerre et dut aider son père aux champs. Si bien qu'on le ramena d'autorité à l'école entre les mains de Mlle Avril. Il en a maintenant bientôt 12 et va devoir travailler chez Delaporte, au Paulu. Nombre de gamins de son âge dévident les écheveaux de fil à longueur de journée dans les usines de l'Austreberthe.

Chez Delaporte, son père Henri est chargé de la fraîche et c'est Raphaël qui change les bobines. Travail pénible. Il lui faut prendre l'air régulièrement par une petite porte donnant sur la route. A 7 h

---

60 Le Cardinal Dubois avait déjà visité Boscherville le 3 juin, accueilli au presbytère par Georges Robert, fils du général Robert.

du soir, après douze heures de travail, Raphaël remonte chez lui, là-haut, à Saint-Paër, au hameau de Maison-Blanche. Père et fils traînent dans la côte un petite carriole chargée de l'eau puisée à la source du carrefour du Paulu. Personne n'a l'eau courante et Delaporte a aménagé cette fontaine publique avant d'en faire don à la commune.

L'usine Delaporte avant sa reprise par Van Den Bosch.

Voici la reine d'Angleterre

Ce mois de juin 1917 aura connu la Journée coloniale. L'année scolaire s'achève avec la réussite d'un écolier de Yainville, Léon Cuffel, à l'examen d'entrée de l'école normale de Rouen. Le fils du bourrelier pourra s'élever dans l'échelle sociale. Son père est aussi coiffeur à ses heures dans une baraque en bois.

Et vint le mois de juillet. Le 10, Mary de Teck, reine consort, impératrice des Indes, est en visite en Seine-Inférieure tandis que son mari, Georges V, part inspecter le front des troupes britanniques. Mary avait émis le souhait de dormir une nuit au palais abbatial de Jumièges. La chose ne fut pas possible. Alors, on l'accueillit au château de Montigny, chez M. Vaussard. Mais de là, elle vint visiter les ruines deux jours plus tard en compagnie de son fils, le prince de Galles. Au soir de sa venue, on vit un aéroplane allemand survoler les tours de l'abbaye. Inquiétant...

Ce mois-là se déroula un drame à la gare de Gauville. Employé de l'entreprise Veuve Hottat & Fils, du Trait, un Espagnol de 37 ans, Joseph Perez-Brun déchargeait des barres d'acier. Lorsqu'un échafaudage s'écroule sur lui. Ses camarades s'empressent de le dégager. Quand arrive le Dr Solau, de Caudebec, Perez-Brun est déjà dans l'au-delà.

Mort d'un ancien maire

Au mois de septembre 1917, les maires du canton délivrent des bons de charbon à leurs administrés. Après quelques formalités, ils iront retirer leur part à Duclair où MM. Narbonne et Leseigneur sont chargés de la distribution.

Au château des Graviers, les volets sont fermés. Maire de Duclair de 1902 à 1912, Joseph Panthou ne verra pas la fin de cette guerre. A 42 ans, en mauvaise santé, il avait été mobilisé dès le 1er août 14 avec le grade de sergent au 21e RIT. Surveillant au camp de prisonniers de Biessard, il n'était revenu au pays que deux ans plus tard, déjà porteur de la maladie qui venait de l'emporter à l'Hôtel-Dieu de Rouen. Toujours conseiller municipal, il présidait encore l'assemblée paroissiale. On vient de tout le canton à ses obsèques et c'est Henri Denise qui fait l'éloge de son prédécesseur[61].

Le Trait se développe

Le Trait en plein chantier amorce déjà son explosion démographique si bien qu'à la rentrée scolaire, une classe de filles est créée près de la mairie. Une centaine de prisonniers allemands travaillent à la voie ferrée qui reliera les chantiers à la ligne Barentin-Caudebec. On en voit pousser les wagonnets des carrières Cauvin.

Bijou, le cheval peureux

A la campagne, la lutte des femmes restées seules sur les fermes connaît un nouveau drame.

Un vendredi de septembre, à 1 h du matin, Marie Loison,

---

61 Le nom de Joseph Panthou sera gravé sur le monument aux morts de sa commune. Ce ne sera pas toujours le cas de mobilisés décédés de maladie après leur retour du front.

l'épouse de Louis Lequesne, attelle sa charrette au Conihout du Mesnil. Elle s'en va vendre des haricots au marché de Rouen, en compagnie de sa voisine, Mme Levreux. Louise, sa fille de 17 ans sera également du voyage. Louis Lequesne, son mari, lui a toujours conseillé de ne jamais utiliser Bijou, jeune cheval peureux. Mais la vieille jument pouvait-elle accomplir un si long trajet...

Louis Lequesne (debout), sa femme, sa fille. Une famille meurtrie...

L'attelage parvient au hameau de la Carrière, à Boscherville, quand Bijou est effrayé par un âne blanc. Mme Lequesne passe sous les roues du véhicule. Elle ne se relèvera pas. Mme Levreux, elle, souffre de multiples contusions à la tête et sur les côtés. Le Dr Allard est bientôt près d'elle. Quant à Bijou, il s'échappe et reprend la route en direction de Jumièges. Arrivé au hameau de Saint-Paul, une roue de la charrette se bloque contre un poteau. Alors, un homme dégage l'attelage, monte sur le banc et laisse Bijou décider de sa destination. Sans hésiter, celui-ci regagnera tout droit sa ferme. Averti du décès de son épouse, Louis Lequesne bénéficia d'une permission pour assister à l'inhumation de Marie mais dut repartir aussitôt au combat, laissant sa fille de 17 ans diriger l'exploitation[62]

Visite ministérielle

Le 5 novembre, on lit aux écoliers un hommage à Georges Guynemer, l'as de l'aviation française abattu aux commandes de son avion sur le front des Flandres. Ce mois-là, accompagné de parlementaires, le sous-secrétaire d'État à la Marine marchande vient se rendre compte des travaux aux chantiers du Trait. Les voitures officielles font d'abord halte à l'Hôtel de la Poste où Henri Denise a mis les petits plats dans les grands. Puis le cortège grimpe la côte Béchère et s'arrête devant ces étendues de terrain boueux. 80 hectares de chaos où l'on aperçoit, çà et là, des engins, des matériaux, le camp des travailleurs...

Ouvriers affectés à la construction des chantiers du Trait.

---

62 Communication de Martial Grain.

Six mois ! Hippolyte Worms et Georges Majoux, son directeur venu de Dunkerque, se donnent encore six mois pour mettre en fonction les six cales de construction. Le tout sera entouré d'ateliers, de bureaux, d'une centrale électrique et relié à la ligne Barentin-Caudebec par 4 km de voie ferrée. Les travaux terminés, 1 500 ouvriers sont attendus sur le site. Le Trait comptera alors 6 000 âmes. Une cité ouvrière de style normand va donc voir le jour avec tous les équipements nécessaires à la vie sociale. La visite de chantier terminée, une partie des officiels part visiter l'abbaye de Jumièges. On traverse Yainville où la goudronnerie est déjà achevée. Desservie par la voie ferrée, elle débute sa production sous la direction d'un gérant de bien, Monsieur Lévêque, qui réside à Duclair.

Le bac du Trait à La Mailleraye. En fond : l'usine Terrasini.

C'est en décembre que fut rétablie la carte individuelle de pain. 200 g par jour. 600 pour les nécessiteux et les travailleurs de force. L'essence est rationnée. Tout est rationné. Tout...

Image de la page suivante : l'école de Saint-Paër, année scolaire 1918-1919.

112   *14-18 dans le canton de Duclair*

6

Enfin l'Armistice de 1918

7 janvier 1918. Chez les Mainberte, à Yainville, on marie la fille aînée, Thérèse, au fantassin Jules Bruneau, de Sainte-Marguerite. Ce sont en fait deux combattants qui s'unissent. L'homme est mobilisé depuis maintenant trois ans et rejoindra très vite le 28e RI. La jeune femme, elle, poursuivra l'effort de guerre à l'arrière.

Tous ces mariages de permissionnaires sont marqués du sceau de l'angoisse face à un avenir incertain, du vide affectif engendré par une séparation immédiate. Ce malaise profond se lit sur le visage des jeunes époux.

L'année 1918 s'ouvre sur le classement des ruines de Jumièges par le ministre de l'Instruction publique et des Beaux-Arts. Mme Lepel-Cointet s'en remet désormais à l'État pour parer à la dégradation du monument[63].

Curieux cambriolage en février à Villers-Ecalles. Un homme pénètre chez Mme Fossé, au hameau de Marébeux. Le monte-en-l'air met tout sens dessus-dessous et s'empare d'un seul réveil qu'il s'en va vendre à Barentin. Le même jour, chez la veuve Dagrémont, on fait main basse sur une douzaine de poules au hameau du Pot-au-Beurre. Là, les motifs sont plus clairs...

Devant le tableau noir de l'école des garçons de Boscherville, M. Menat, professeur de Rouen, donne une conférence sur les ambitions mondiales de l'Allemagne. L'adjoint au maire, M. Pigache, fait applaudir l'orateur par un public pénétré de la nécessité d'écraser le pangermanisme, une doctrine qui inspire déjà un petit caporal. Il s'appelle Hitler. Adolphe Hitler...

Mais enrayer l'avènement d'une *Grossdeutschland,* tout le monde en est-il vraiment convaincu ? Cette guerre interminable fatigue et la presse locale se fait discrète sur les mutineries qui ont pu éclater

---

63 Les 23 hectares de terrain entourant l'abbaye seront classés monuments historiques en janvier 1922.

ici ou là, les ordres insensés, les boucheries inutiles et les fusillés pour l'exemple...

Mariage de Jules Bruneau et Thérèse Mainberte à Yainville.

Entendez-vous la brosse Bertha...

En mars 1918, économie d'énergie oblige, on avancera sa montre d'une heure quand on aimerait la reculer de quatre ans et retrouver la paix. Les Allemands bombardent Paris et, si le vent est favorable, on entend d'ici la Grosse Bertha, ce canon M42 rebaptisé ainsi en l'honneur de Bertha Krupp. C'est du moins ce que nous répéteront plus tard les anciens. Mais ce furent en réalité de tout autres canons qui tonnaient sur la capitale.

Dès le début de la guerre, les Britanniques ont fait de Rouen leur base arrière. C'est ainsi que plusieurs camps militaires ont fleuri dans la région. Celui de La Mailleraye, au fil des mois, a fait l'objet de vols de matériel ou encore de charbon, denrée si précieuse. Un soir de mars, cette cohabitation prend une autre tournure. Dans les rues du bourg, deux soldats britanniques sont roués de coups par cinq énergumènes du cru.

Le 15 mars, l'église de Jumièges est enfin classée monument historique. Aussitôt, le préfet signe un arrêté interdisant tout affichage sur ses murs, même en temps d'élections. Et des élections, on va bientôt en connaître beaucoup...

Sur le front d'Orient, Gaston Legallet trépigne d'impatience après avoir connu des sueurs froides à Pojar *« où nous nous sommes perdus dans 2 mètres de neige. »* Il va enfin bénéficier d'une permission, revoir sa Normandie. Et qui sait s'attacher celle qui partagera sa vie...

Toujours de grandes battues

A Hénouville, René Neveu, braconnier récidiviste, chassait sur les terres de Mme Derivery quand les gendarmes de Duclair lui dressent procès-verbal. Voler des poules est tout aussi risqué. En avril, à Duclair, Mme Brasse, journalière, en soustrait deux à M. Becquet. Deux mois de prison. Quant aux battues contre les animaux nuisibles, elles se poursuivent. A Bardouville, deux chasseurs, un Belge et un Français, portent à trois le nombre de solitaires abattus en quinze jours. Dans la foulée, M. Bocquet tue encore une belle pièce de 160 livres. Puis M. Delafosse, lieutenant de louveterie, mènera une nouvelle opération. Là, Fleury, de Duclair, terrasse un sanglier de 175 livres.

Mais cette forêt de Bardouville sera aussi le cadre d'un sinistre. Un samedi après-midi, un fumeur négligeant provoque un incendie qui, poussé par un vent de nord-est, vient lécher les abords de Mauny. Les soldats du feu en viennent à bout avant l'irréparable...

A la colonie belge...

Mai 1918. Le public afflue au cinéma de Duclair, le Normandy. M. Meunier, membre de la Société royale belge de géographie, vient faire un exposé sur l'histoire de son pays occupé par les Allemands. Seules les rives de l'Yser restent libres, défendues par le roi Albert Ier. L'orateur en ayant terminé, les propriétaires de la salle, MM. Debry et Dawies, offrent en prime une projection cinématographique. Nos petits réfugiés belges sont toujours là, répartis entre Saint-Paër et le Paulu. Pour la Pentecôte, on leur donnera une nouvelle séance récréative.

Détienne, le mort vivant !

Le courrier du canton circule par wagon postal entre Barentin et Duclair. De chaque commune, le facteur s'en va au chef-lieu chercher et poster la correspondance. Dans sa sacoche, des lettres annoncent souvent le pire. Le jeudi 9 mai 1918, celui de Jumièges se rend à l'abbaye et tend un pli au guide du monastère, Louis Détienne. Qui s'effondre. Fin mars, lui annoncent les autorités militaires, son fils Raymond a été tué dans la Somme.

Originaire du Var, époux de Marie-Louise Dubuc, Louis Détienne avait d'abord participé, aux côtés de son beau-père, guide de l'abbaye, aux fouilles menées dans les ruines par Roger Martin du Gard. C'était en 1904. Élève à l'école des Chartes, Du Gard préparait alors sa thèse sur l'abbaye. et logeait à Yainville, chez le peintre Maurice Ray, un ami de la famille. Depuis 1911, appointé par Mme Lepel-Cointet, M. Détienne avait coiffé la casquette de guide[64]. Le jour de la mobilisation générale, il avait suivi les directives imposées à la classe de 1886. Mais déclaré inapte, il regagna l'abbaye. Pas son fils qui, lui, partit au front. Depuis, M. Détienne avait mené dans les ruines le roi des Belges et son

---

[64] Il prit sa retraite en 1936. Edmond Spalikowski lui rend hommage dans *Au pays des trois abbayes*, Maugard, 1937.

gouvernement en exil à Sainte-Adresse, le souverain du Portugal, le poète Émile Verhaeren, la reine d'Angleterre... Et voilà qu'arrive cet avis de décès. Le couple Détienne pleure donc son unique garçon quand, quelques jours plus tard, M. Bled, le facteur rural, apporte une nouvelle lettre à l'abbaye. Elle est datée cette fois du 7 avril 1918. Et c'est leur fils qui leur écrit ! Raymond Détienne n'est pas mort. Non, il est prisonnier. Capturé à Hargicourt, les Allemands l'ont interné en pays occupé[65]. Chez les Détienne, libérés d'un cauchemar, on se mit à croire aux miracles...

Laroche, l'évadé en cavale...

Un qui aurait mieux fait de faire le mort, c'est bien Fernand Laroche. Il était détenu à la colonie pénitentiaire de Douains, près de Vernon, quand il se fit la belle. Le mal du pays le ramena à Saint-Paër où, ayant trouvé du travail, il eut la folle imprudence de commettre un vol. Son forfait commis, il alla se mettre au vert non loin de là en se faisant embaucher à Villers-Ecalles. Là, les gendarmes de Duclair n'eurent qu'à le cueillir délicatement...

Les cadences chez Mustad

Chez Mustad, la jeune Marie-Louise Mainberte est toujours à la tâche. L'Armée vient de commander encore 4 millions de vis et rondelles. Du coup, l'effort de guerre prend le pas sur les décrets sociaux d'Alexandre Millerand. Une note est placardée dans les ateliers : « *Par dérogation, le repos hebdomadaire ne sera pas exigé. Toutefois, dans le but de sauvegarder la santé du personnel, le fournisseur, en l'occurrence la clouterie, sera tenu d'assurer par roulement un jour de repos par quinzaine à son personnel.* » Soit deux jours de repos par mois... Reste que Mustad sera bientôt un modèle du genre en matière d'avancées sociales.

Nouvelle séance de cinéma à Duclair, le 16 juin 1918. Celle-là est au profit des prisonniers de guerre. Le dos à l'écran, l'infatigable Henri Denise exhorte les spectateurs à soutenir de leurs dons les enfants du pays retenus en captivité. Comme le fils Détienne, le sapeur-pompier Lambert...

---

65 Raymond Détienne sera rapatrié en France en décembre 1918. On le rappellera en 1939.

Les pèlerinages d'Alphonse Callais

Voilà l'été, voilà juillet. La famille Mainberte est encore de mariage à Yainville. Le 3 du mois, Henri Bruneau, journalier, fils du cafetier disparu à Douaumont, épouse Germaine Beyer. A 20 ans, après son père, il est lui-même mobilisé au 129ᵉ RI du Havre. Sa veuve de mère, Marguerite Mainberte, donne le consentement parental. On devine l'inquiétude dans sa voix.

Alphonse Callais, 2ᵉ assis à partir de la droite.

Parmi les témoins, il y a un cousin en permission agricole, Alphonse Callais, jeune exploitant à Jumièges. Alphonse Callais qui, le 20 juillet 1918, soit deux semaines après ce mariage, sera cité à l'ordre du 1ᵉʳ groupe cycliste. Avec son seul fusil, il fera face aux mitrailleuses allemandes, permettant ainsi à son groupe d'évacuer une position désespérée. Voilà qui lui vaudra la Croix de guerre avec étoile de bronze et le grade de caporal. Toute sa vie, jusqu'à son dernier souffle, Alphonse Callais se rendra chaque année en pèlerinage sur le Chemin des Dames, là où il abattit un soldat allemand[66]. Il n'était pas de ceux qui tuaient sans scrupules...

---

66 Communication de Gisèle Vestu à l'auteur. Alphonse Callais fut maire de Jumièges de 1954 à 1977.

Un paysan nommé Guitry

Entre temps, le 8 juillet, l'abbé Pierre Guéroult, doyen de Duclair, célèbre les obsèques du curé de Boscherville, l'abbé Hermier, un homme de 69 ans fasciné par la nature. Depuis la guerre, il desservait aussi la paroisse de Montigny restée sans prêtre.

En août 1918, le foin est encore réquisitionné. A Yainville, parmi la liste des agriculteurs concernés, figure... Sacha Guitry. Il a quitté Charlotte Lysès depuis maintenant deux ans mais, manifestement, l'administration ne lit pas le courrier du cœur. En revanche, le manoir des Zoaques s'apparente bien à une propriété agricole. Alors, le paysan Guitry est taxé pour un quintal.

Puissants et misérables

Si la gloire couvre de lauriers les prolétaires comme les possédants, l'adversité les frappe aussi avec la même indifférence. Dans la vallée de l'Austreberthe, au Pont des Vieux, l'usinier Édouard Delaporte a perdu deux fils à la guerre. Il pleure aussi une fille. Mais la mort peut aussi vous faucher près de chez vous. Engagé volontaire, Raoul Gosset combattait pour la France. Jusqu'au jour où il fut atteint par un grave diabète. Le service de réforme attribua cette maladie à ses états de service et le renvoya temporairement dans ses foyers. Raoul a 25 ans et toute la vie devant lui. Aujourd'hui, il est à vélo et traverse le hameau de la Carrière, à Boscherville. Un véhicule militaire descend la côte de Canteleu. Il est conduit par le soldat Bouniot, du service de la Marine à Rouen. En doublant le cycliste, le camion renverse le jeune Gosset, On le relève avec des blessures à la tête et au bras. Mais le médecin n'a aucune inquiétude pour ses jours. Seulement, le diabète de Raoul Gosset est là et son état de santé précaire. Des complications, et il rend l'âme quelques jours plus tard.

Le chantier des chantiers...

Au Trait, l'avenir se dessine mais le passé réapparaît aussi. Les travaux des chantiers mettent au jour un sarcophage en pierre du pays. Il contient deux têtes et les ossements de plusieurs individus.

Léon de Vesly vient en reconnaître ces restes. Tout près de là, on découvre les fondations de la chapelle Saint-Martin, disparue des mémoires depuis des siècles. Pour les besoins du chantier, des arbres sont abattus en forêt de Jumièges par des prisonniers allemands placés sous la surveillance de soldats belges. Les troncs sont transportés par bœufs jusqu'à Yainville où ils sont traités. De là, des wagons les conduisent au Trait[67]. Des ouvriers italiens sont également employés à la construction des chantiers. L'un d'eux, Vicento Poglio, un maçon, est logé à Duclair, chez Mme Autin qui constate des vols à répétition dans l'atelier de menuiserie de son mari. En août, elle porte plainte contre son locataire. On découvre chez lui un ballot d'outils prêt à partir pour Grasse à l'adresse de son beau-frère. L'ouvrier-cimentier avoue avoir expédié quatre autres colis à sa famille. Sursitaire de l'armée italienne, Poglio est laissé en liberté. Ce qui nourrit la xénophobie de certains...

Ivresse, accident...

Au chef-lieu de canton, le passage de Ferdinand Niel, 25 ans couvreur dans le civil, laissera quelques souvenirs. Cet auxiliaire dans un ambulance du front se rendait en permission au Havre. Après avoir beaucoup bu à Barentin, il fit du scandale dans le café de Marius Daon, le maréchal-ferrant de Duclair. Aux gendarmes qui lui demandaient son titre de permission, il répondit par des menaces et fut conduit au poste. Là, il put s'exprimer encore en cassant un carreau.

Toujours à Duclair, deux véhicules militaires entrent en collision. L'un conduit par Émilie Ridel, l'autre par un anglais, le soldat Munx. Le commandant Thévenard, de l'armée britannique et le commandant Vernin, chef du service des Bois de la 3ᵉ région s'en tirent avec de légères contusions.

Les ravages du feu

A la campagne, le teillage du lin reste une activité. Jérôme Vérhalle, cultivateur au hameau du Saussay, à Villers-Ecalles, possède un atelier qui renferme quelques métiers, un broyeur et grande quantité de lin. Tout cela s'embrase en septembre 1918. Le feu,

---

67 Paul Bonmartel, *Histoire du chantier naval du Trait*, Bertout, 1997, p. 10.

reste la crainte permanente dans la vallée. En octobre, chez Badin, à Barentin, un atelier de 125 ouvrier est totalement détruit avec son matériel. Badin ! Tout un symbole. C'est le vaisseau-amiral des filatures de l'Austreberthe...

L'année 1918 touchait à sa fin. Au marché de Duclair, les agriculteurs vendaient discrètement un beurre surtaxé dans les hôtels de la place au lieu de passer sous les halles. Les gendarmes les gratifient de quelques procès-verbaux.

A Yainville, les travaux de l'usine électrique s'engagent.[68]. La tranchée pour la prise d'eau est déjà creusée et pour ériger les bâtiments principaux qui abriteront chaufferie et salle des machines, on arrache des blocs de craie à la falaise. Dans leur café du Passage, les Mainberte ont le nez sur les travaux. Le hameau de Claquevent regroupe alors une vingtaine de maisons. Il y a même une pension : l'hôtel Carré.

Agriculteur à Claquevent, M. Bénard participa aux terrassements.

En Picardie, en Lorraine, la contre-offensive des Alliés portait ses fruit. Et ce fut à nouveau un vacarme assourdissant de cloches sonnant à toute volée, le même tintamarre que celui du 1er août 1914. Mais cette fois, il annonce la fin des hostilités. Nous sommes le 11 novembre 1918, ce fameux 11 novembre 1918...

---

68 Le permis de construire fut délivré par le ministère de l'Armement en septembre 1918.

Enfin l'Armistice !

Le *Journal de Duclair* paraît comme prévu le mardi 12 novembre, jour de marché. Aucun titre triomphaliste à la une. L'Armistice était attendu. Tellement attendu que l'éditorial porte déjà sur la réparation des dommages de guerre. Mais l'hebdomadaire a manifestement été pris de cours et ce n'est qu'une semaine plus tard, le 19 novembre, qu'il reviendra en détail sur la victoire.

Les fêtes de l'Armistice devant la cathédrale de Rouen.

Dans toutes les communes, la capitulation allemande donne lieu à des débordements de joie indescriptibles. Avec parfois des excès. A Duclair, Moris, un matelot anglais, marque l'événement à sa façon. Totalement ivre, il pénètre un soir à l'hôtel Denise et pourchasse notre conseiller général pour obtenir à boire. Devant son refus, il le frappe. La même scène se reproduit chez Marget, l'entrepreneur de peinture, qu'il poursuit jusque dans sa cuisine. La police finit par l'arrêter.

Quelques jours plus tard, ce sont quatre militaires belges qui font du scandale. Notamment à l'hôtel Belloncle. Là, ils profèrent des menaces de mort et tentent tout casser. Puis ils s'en prennent à la vitrine du café Marie, rue Pavée. La maréchaussée aura mille peines à les maîtriser. Le gendarme Pezet, est même sérieusement blessé.

Ces faits-divers restent cependant anecdotiques en marge de l'euphorie qui a gagné le pays. A Boscherville, des soldats anglais du camp de Montigny viennent donner deux concerts au cours desquels 63 F sont recueillis au profit des orphelins de guerre.

Mustad, chez qui on avait augmenté les cadences voici peu, sait récompenser les efforts : 10 000 F vont aux victimes de guerre de la commune. La semaine qui suit l'Armistice, le salaire hebdomadaire est exceptionnellement doublé.

Remis de ses émotions, Henri Denise préside bientôt un conseil municipal de Duclair qui, sur un ton solennel, adresse *« l'hommage de sa reconnaissance et de son admiration enthousiastes à M. Clemenceau, président du conseil, ministre de la guerre »*. Ces compliments vont aussi au maréchal Foch, commandant en chef des armées alliées, *« dont la bravoure indomptable, la science militaire, les sacrifices héroïques et l'endurance prodigieuse ont réussi à libérer du joug menaçant et de la plus grande barbarie la civilisation. Il exprime la plus grande gratitude aux régiments normands qui se sont particulièrement distingués parmi les plus vaillants pendant cette horrible guerre. Il salue avec la plus profonde émotion le retour des provinces d'Alsace et de Lorraine à la mère-patrie, arrachées à la France en 1871 par des ennemis vaincus par les glorieux soldats de la Liberté et du Droit. »*

Le revers des médailles

Cette paix tant désirée, elle commence plutôt mal pour René Fleury, soldat du 17e escadron du train en permission à Jumièges. A Duclair, il est renversé et blessé à la tête par une voiture de la Compagnie Worms, des chantiers du Trait.

Accident aussi à Yville où un camion du génie anglais, cantonné à Mauny, défonce la maison d'Eugène Varon occupée par des ouvriers espagnols, les époux Adam. Ceux-ci reçoivent sur le dos une partie de la façade. Leurs jours ne sont pas en danger.

Et puis, est-elle vraiment finie cette guerre. Le mardi, au marché, on s'arrache le *Journal de Duclair* pour y lire des nouvelles que ne donne pas le *Journal de Rouen*. *« M. Denise, maire, a eu la* semaine dernière la pénible mission d'apprendre à Madame Pallu la mort au champ d'honneur d'un de ses fils. C'est le deuxième que cette famille, déjà si éprouvée, a perdu dans cette horrible guerre[69]. »

Immédiatement en dessous, cet appel pathétique : « *M. Marchand, de Duclair, est sans nouvelle d'un de ses fils depuis le mois de septembre. Espérons que, l'Armistice étant signé, nos chers exilés en Allemagne vont bientôt revenir et c'est de tout cœur que nous souhaitons à M. et Mme Marchand que leur fils sera du nombre.* »

Une semaine plus tard : « *M. et Mme Levillain, de Duclair, ont eu la douleur de recevoir mercredi l'avis officiel de la mort de leur fils Émile tombé au champ d'honneur. C'était leur fils unique et toute leur joie. Car il fut un fils modèle...* »

« *Madame Veuve Hauchecorne, de Duclair, déjà si cruellement éprouvée par la mort d'un fils de 20 ans, tombé au champ d'honneur, a eu la douleur d'apprendre que son fils aîné, gravement blessé le 31 octobre dernier, venait de mourir ces jours derniers des suites de ses blessures à l'ambulance où il était soigné. Soldat dans un régiment de chasseurs à pied, le capitaine de compagnie vient d'écrire à la pauvre mère une lettre dont nous extrayons le passage suivant : "C'était un excellent petit chasseur dont je m'occupais tout spécialement et dont la disparition m'a causé bien de la peine. Pour sa belle conduite au feu, il vient d'obtenir une deuxième citation".* »

Le *Journal de Duclair* est lui-même frappé par ce type de nouvelle. Le fils du directeur, Léon Pouchin, caporal-fourrier du 164e, a reçu une balle en plein cœur à Fay-Le-Sac. Il avait 23 ans. La famille Pouchin-Péré détient aussi *Le Pilote*, de Caudebec et *Le Messager eudois*. Elle ne gardera bientôt que ce dernier titre et vendra les autres à Lucien Lemoine.

Mais la mort poursuit aussi ceux qui sont revenus. A Yainville, on inhume Paul Michel, un jeune chimiste de la société Pont-à-Mousson. Blessé en Belgique, affecté à la fabrication de munitions, il avait participé à l'ouverture de l'usine d'Yainville. Cette disparition affecte manifestement le monde du travail.

---

69 Paul Pallu est mort le 30 septembre 1918 dans la Marne. Son frère avait disparu dès octobre 1914 à la ferme du Luxembourg.

Les salopards

Héros, anti-héros... A Heurteauville, un ouvrier agricole de 40 ans, renvoyé dans ses foyers en 1917 car père de six enfants, se retrouve aux assises pour attentats à la pudeur sur deux de ses fillettes. La mère savait. Elle a fermé les yeux. C'est une tierce personne qui a alerté les gendarmes. Bien défendu, ce horsain porté sur la bouteille est acquitté. Mais il devra quitter bientôt le pays.

A Villers-Ecalles, aussi, un soldat détaché à la terre, comparaît au conseil de guerre pour attouchements sur sa fille de 12 ans. Verdict : cinq ans de réclusion à Caen, dégradation militaire, interdiction de séjour. L'homme avait commencé sa carrière de justiciable en 1900 par un mois de prison pour ivresse, dégradations et outrages à agents. Début 1914, il retourne en prison pour vol. Quand sonne le tocsin, il ne répond pas à la mobilisation générale et sera déclaré insoumis en temps de guerre. Arrêté par les gendarmes de Barentin en 1915, il est condamné à deux années d'emprisonnement. Seulement, il bénéficie d'une ordonnance de suspension et est détaché dans ses foyers en qualité d'agriculteur. Grave erreur de jugement...

Mais en cette fin d'année 1918, le *Journal de Duclair* fourmille plutôt de citations à l'égard de soldats, morts ou non pour la France[70]. Ces encadrés rivalisent avec les avis de services funèbres à la mémoire des disparus. Durant ces quatre ans, plus de 400 hommes du pays sont morts. Et combien sont rentrés mutilés à vie, dans leur chair et dans leur tête. On attend maintenant les démobilisés dont beaucoup n'arriveront que dans quelques mois. Un long travail de deuil commence...

Image de la page suivante : l'école des filles de Mlle Perrier, à Saint-Martin-de-Boscherville, année scolaire 1918-1919. La petite qui tient la pancarte est Simone Legay. Sa sœur Yvonne figure aussi sur la photo ainsi qu'Hélène Menant, Christiane Topp, cousine des Mainberte, debout devant la maîtresse. Mlle Perrier prit sa retraite en 1923.

---

70 Robert Varin, Robert-Alfred Sénécal, de Boscherville, Abel Avenel, de Varengeville, Charles Varon d'Yville, Raymond-Joseph Duonor, du Trait etc.

126 *14-18 dans le canton de Duclair*

7

Le tourbillon de l'après-guerre

Il fait un temps splendide. Nous voici déjà en juin 1919 et la signature de la Paix est marquée jusque dans le moindre des hameaux par des retraites aux flambeaux. La presse locale est toujours remplie de citations à l'égard des héros de cette guerre.

Le monument de Varengeville

Mais une fête domine l'actualité du mois : l'inauguration du monument aux morts de Saint-Pierre-de-Varengeville. La commune a toujours eu une guerre d'avance pour honorer ses héros. Le dimanche 15 juin 1919, elle est donc la première du canton à procéder à une telle manifestation.

Dans une église tendue des draperies funèbres, le curé entre deux formules latines exalte la vaillance des enfants du pays morts pour la France[71]. Il y aura un banquet intime en mairie, puis le cortège officiel se forme. Charles Pigache mène le conseil municipal et Édouard Delaporte le comité du monument. Il y a là Valentin, conseiller de préfecture, les pompiers, les écoliers...

Le monument apparaît dans le cimetière, orné de couronnes, de

---

71 Théodore Allais, Albert Andrieu, Alphonse Arson, Eugène Arson, Émile Aubé, Marcel Aubry, Marcellin Badmington, Jules Bessin, Paul Bessin, Joseph Bidois, Edmond Bouvier, Alfred Canu, Henri Cavelier, Louis Cornière, Louis Crevel, Paul Crevel, Auguste Cronier, Eugène Cronier, André Décharrois, Gérard Delaporte, Pierre Delaporte, Léon Delépine, Henri Depois, Denis Deschamps, Eugène Duboc, Joseph Dubus, Émile Dufils, Henri Féron, Xavier Genet, Léon Grain, Émile Hautot, Henri Hébé, Charles Hémard, Alphonse Huet, Eugène Lebas, Gaston Leber, Jean-Marie Lefez, Paul Lemaire, Louis Lemoine, Marcel Lemoine, Albert Lériché, Jules Létudais, Clovis Mary, Auguste Masson, Frédéric Masson, Maurice Monnier, Edmond Moret, Adrien Pigache, Charles Pigache, Marcel Pigache, Albert Prévost, Alex Prévost, Charles Prévost, Édouard Quevilly, Narcisse Quevilly, Gustave Quibel, Marcel Quibel, Albert Reniéville, Joseph Saffray, Albert Tocqueville, Gaston Trépagny, Lucien Varin, Victor Varnière, Albert Voisin.

drapeaux. L'architecte Eugène Fauquet a signé cette œuvre de pierre réalisée par les sculpteurs Guilloux et Rose ainsi que l'entrepreneur Duchauchoy. C'est une grande stèle ornée d'attributs militaires et reposant sur un catafalque décoré d'une tête de lion, symbole de la force. Le tout est précédé de marches s'élevant sur un terrassement engazonné. A une *Marseillaise* interprétée par les enfants, succèdent les allocutions de Delaporte et de Pigache à qui une fillette remet une gerbe de fleurs. Et c'est à nouveau l'hymne national[72].

Le monument fut photographié le 15 juin 1919 par Deschamps. A droite, lors d'une commémoration on a disposé les portraits des disparus devant la stèle...

Les inaugurations qui vont maintenant se succéder dans les

---

72 90 ans après cette cérémonie, Jean-Pierre Hervieux, historien local, découvrira dans les registres les noms de trois Poilus oubliés. Albert Andrieu, Elie Jacoupi, Charles Prévost. Le nom de Jacoupi était déjà présent sur le monument de Saint-Romain-de-Colbosc. A Varengeville, on rajouta donc ceux d'Andrieu et Prévost.

autres communes du canton auront sensiblement le même scénario : messe, bénédiction du monument, remise officielle à la commune par le président du comité d'érection, appel des morts, discours et chants patriotiques, vin d'honneur. Manifestement, les guerres de religion qui ont entouré la Loi sur la séparation de l'Église et de l'État ont trouvé un terrain d'entente. Tous nos monuments sont associés à l'église du village ou du moins son cimetière. Ils sont financés par des souscriptions populaires, des subventions municipales et des aides de l'État calculées en fonction du nombre de morts.

Le premier 14 Juillet

Duclairoises en costume alsacien et lorrain.

Première fête nationale depuis la victoire !Les réjouissances sont forcément somptueuses à l'occasion du 14 Juillet 1919. Dans toutes les communes, les autorités, les sociétés locales, les écoliers se rendent en cortège dans les cimetières où de vibrantes allocutions sont prononcées à la mémoire de *« ceux dont le sacrifice a forgé la victoire de la France* ». Un leitmotiv. Ce jour-là, une nouvelle collecte nationale est menée au bénéfice des régions libérées, ravagées par la guerre et qu'il faut reconstruire.

Enfin des mariages sans la peur

C'est dans ce climat que, quelques jours plus tard, le 28 juillet 1919, Marguerite, la seconde fille des Mainberte, épouse à Yainville un électricien du nom d'Arthur Guillaumet.

Arthur Guillaumet et Marguerite Mainberte.

Électricien ! la profession est nouvelle dans la région. Originaire de Montchevel, dans l'Orne, fils d'un fabriquant de charrettes, Arthur a gagné quelques courses cyclistes sur son vélo de marque Grillon avant de connaître lui aussi la guerre. Depuis l'Armistice, il est employé à la centrale d'Yainville. Les deux époux se seront rencontrés au café du Passage. Depuis l'Armistice, la peur ne s'invite plus aux bénédictions nuptiales. Ce mariage devrait donc être un beau jour mais le cœur n'y est pas. Julia, la mère de la mariée, est au plus mal. Depuis son veuvage, elle vit ou plutôt survit avec la maladie qui a emporté son mari. Tuberculose et grippe espagnole font des ravages dans le pays.

Près de Claquevent, à Yainville, le bas de la côte Béchère

Le mariage de Gaston

Le 24 août 1919, c'est notre héros de l'Orient qui se marie lui aussi. Gaston Legallet, toujours en uniforme, épouse Élisa Savalle, la fille du minotier de la rue Pavée. Gaston vient d'être affecté au centre d'instruction de Saint-Aubin-d'Aubigné. Il ne rentrera à Duclair, au n°6 du quai de Rouen, qu'en janvier prochain. On le dira alors amaigri, dépressif[73]. Une chose est sûre : il garde de ses blessures une raideur au genou qui retient l'attention de la commission de réforme. Dépressif, le Gallet ? Il va en tout cas s'investir pleinement dans la cause des anciens combattants...

Page suivante : mariage de Gaston Legallet. Sur la photo du bas, de gauche à droite au second rang : Paul Bottois, Charlotte Savalle, Georges Vespier, Jeanne Rupert, veuve Simon en premières noces, Maurice Savalle. Assis : Gaston Demagny, Georgette Savalle, Odette Bottois, Raymonde Simon, Elisa Savalle et Gaston Legallet.

---

73 Eloge funèbre signé Charles De Heyn, 18 juillet 1934.

Gaston Legallet lors de son mariage avec Élisa, la fille de Maurice Savalle et de Jeanne Vespier.

La paille de vent...

Au mois d'août 1919, tous les maires du canton se réunissent à l'hôtel-de-ville de Duclair sous la présidence d'Henri Denise. Ils protestent contre la vie chère. « *Rendez-vous compte,* tonne le conseiller général, *que les sous-produits de la farine servant à nourrir le genre humain sont vendus plus chers que ceux qui vont au bétail !* » Une pétition est adressée au préfet et il faut organiser un service d'ordre pour protéger les transactions sur le marché.

Sous le soleil d'août, on bat le grain à la machine. A l'arrière, les enfants ramassent la "paille de vent". C'est l'écorce du blé qui, mélangée à des betteraves, servira à nourrir les bêtes cet hiver.

Moisson après guerre à Boscherville...

Saint-Philibert tragique

Deux familles d'Anneville ont travaillé aux champs toute la journée et se rendent par barque à la fête du Mesnil. Ils sont huit à bord. Soudain, une voie d'eau se déclare. Le rameur est guère amariné et transmet sa panique aux passagers qui hurlent au secours. Ils se noient sous le regard impuissant d'un riverain, M. Quesne. Les victimes sont les Hulin, leur fils de 17 ans et leurs deux domestiques, Lafosse, 50 ans, Decaux, 16 ans. Périssent aussi les Boutard, jardiniers du château des Darcel et leur fils de 6 ans.

L'Armée à l'index

Les quinze premiers jours de septembre 1919 connaissent une chaleur tropicale qui porte sa caresse brûlante sur les cultures. Seul un violent orage au milieu du mois vient rafraîchir l'atmosphère. Henri Denise s'éponge le front. Il siège au bureau directeur de la section cauchoise de l'Union nationale des combattants. Et cet organisme est mécontent : les indemnités promises aux démobilisés pour reprendre pied dans la vie civile tardent à être versées. L'Armée est pointée du doigt.

Et nouveau deuil à Claquevent

L'équipe de construction de la centrale devant l'ossature du bâtiment.

Alors que la centrale d'Yainville prend forme sous ses yeux, la famille Mainberte est de nouveau en deuil. Le 30 septembre, Julia, la mère, rend son dernier soupir. Ironie du sort, le lendemain de son décès, l'armée considéra son mari comme définitivement libéré de ses obligations militaires. Et pour cause : il est mort depuis deux ans. Voilà donc une famille où le père, après son retour de guerre, est mort à 44 ans. C'est maintenant sa femme qui s'en va.

On a vu les deux filles aînées se marier tandis que la troisième gagne péniblement sa vie chez Mustad. Restent les trois derniers dont la benjamine, Andréa, a tout juste 6 ans. Que faire de ces jeunes enfants, les confier à l'Assistance ? Rentré de guerre voici peu, Pierre Chéron, frère de la défunte, s'y oppose catégoriquement. Finalement, Thérèse, l'aînée des Mainberte, est nommée tutrice de ses frères et sœur en compagnie de son mari, tout juste démobilisé.

Aménagement du parc à charbon de la centrale, 1919.

Le premier 11 Novembre

Voici venir le temps des distinctions. A Boscherville, en octobre, la médaille d'argent des Épidémies va à Mlle Charlotte Danger. Dès le début des hostilités, elle s'est engagée comme infirmière bénévole. Vétéran de 70, son père, le commandant Louis-Alfred Danger, avait lui aussi demandé à reprendre du service. En 1915, on l'a fait officier de la Légion d'Honneur.

Quand vient le premier 11 Novembre, de vibrants hommages aux disparus ont lieu dans tous nos villages. Pour la première fois, on adopte le rite de la minute de silence après l'énoncé des victimes. Codifiée par une loi, cette commémoration prendra encore de l'ampleur avec l'érection des monuments aux morts, l'organisation dans chaque commune de sections d'anciens combattants, le retour des derniers démobilisés.

Rêve brisé

Gaston Béhier est de ces soldats qui ont tutoyé la mort et ne pensaient pas la trouver en rentrant au pays. A 33 ans, il a derrière lui sa campagne contre l'Allemagne et des mois de captivité. Bientôt, il va enfin se marier. Alors, un jour de novembre, de Maromme où son père est entrepreneur, il s'en va voir sa promise à bicyclette en compagnie de sa sœur Madeleine. Sa promise, c'est Jeanne Pigache, la fille du maire de Varengeville et conseiller d'arrondissement. La journée est radieuse mais les ombres s'allongent. Il faut bientôt rentrer. Au hameau de Saint-Thomas, à Roumare, nos cyclistes croisent deux attelages. La première voiture est éclairée d'une lampe-tempête, la seconde ne l'est pas. Gaston Béhier en heurte le châssis. Aussitôt, il est transporté chez le maire mais le Dr Lefèvre, de Déville, pas plus que le nouveau médecin de Duclair, Maurice Châtel, ne pourront le sauver. Le sternum enfoncé, le jeune homme expire le lendemain.

Grand ménage électoral

Et vinrent les élections générales. D'abord les législatives, en novembre 1919. A Duclair, comme ailleurs, les Socialistes font pâle figure à face à l'alliance des centristes et des conservateurs. Adalbert de Bagneux est réélu député sur la liste d'Union nationale républicaine et rejoint la chambre bleu horizon[74]. Suivent les municipales. A Duclair, sur une liste d'union sacrée, Henri Denise recueille moins de voix que le Dr Allard et lui cède son écharpe de maire. Celui-ci prend le Radical Charles de Heyn pour adjoint, un agent d'assurances qui commande la compagnie de sapeurs pompiers depuis 1906[75]. Mais Denise restera au conseil municipal et sera réélu dès le premier tour au Département. On le verra se dévouer notamment aux Pupilles de la Nation.

A Saint-Paër, malgré une liste d'opposition, Max de Joigny fait passer tous ses colistiers dès le premier tour de scrutin. C'est cependant Alphonse Hémard, un agriculteur, qui va occuper quelque temps le fauteuil de maire[76]. A Varengeville, Charles Pigache, affecté par la mort de son futur gendre, conserve quant à lui haut la main son mandat de conseiller d'arrondissement mais

---

74 La division des socialistes et des radicaux a profité au bloc des droites qui place 433 élus à l'Assemblée contre 182 de gauche.
75 Après la démission de De Heyn, on nomma Germond capitaine, Vespier lieutenant et Lorillon sous-lieutenant.
76 Max de Joigny reprendra son écharpe en novembre 1923 suite au décès de M. Hémard.

René Dieusy, le châtelain du Bourg-Joly, lui succède à la mairie.

Ceux qui pieusement...

Varengeville, on l'a vu, avait été la première du canton à songer édifier un monument aux morts. L'idée s'est depuis généralisée. Comme à Boscherville où de premières souscriptions s'étoffent mais restent en deçà des ambitions. On appelle donc la population à financer un mémorial digne de la splendide abbatiale à laquelle il sera adossé. Le 25 janvier 1919, un office à la mémoire des soldats disparus est célébré dans ce qui est la plus vaste église du canton. Ce jour-là, l'abbé Guéroult, curé-doyen de Duclair, remet une plaque commémorative offerte par Georges Robert, conseiller municipal et dont l'épouse offre aussi un drapeau. Les voûtes du vieux moutier résonnent d'un discours prononcé par Georges Lecomte, le curé de Varengeville.

Avant le banquet offert aux démobilisés, M. Lambert chante les vers de Victor Hugo qui sont alors sur toutes les lèvres : *« Ceux qui pieusement sont morts pour la patrie. »* Cet hymne, il a été écrit par le poète national en 1831 pour rendre hommage aux morts de la révolution de Juillet. Il fut chanté lors du premier anniversaire de l'insurrection sur l'air du *Moïse* de Rossini. Puis un compositeur rouennais, Charles Lenepveu, le remit en musique. L'hymne funèbre d'Hugo sera souvent entonné lors de nos inaugurations.

Chez les Mainberte...

L'hiver de 1919 fut lui aussi très froid. Depuis l'Armistice, Mustad a édifié une cheminée qu'il veut plus haute que celle de Badin. En se rendant tôt le matin à la clouterie, Marie-Louise Mainberte voit son bidon de café geler avant même qu'elle ait accompli les quatre kilomètres qui séparent Claquevent de Duclair. Sa plus jeune sœur, Andréa, va quant à elle à l'école d'Yainville, chaussée des galoches à clous que vient de lui offrir le bureau de bienfaisance. A M. Vimont, le maître d'école un peu braque, a succédé Léonce Samson, venu de Petit-Quevilly et féru de botanique. Gazé durant la guerre, il lui arrive souvent de perdre haleine devant sa classe unique blottie autour du calorifère. Son épouse surgit alors pour l'asseoir dans un fauteuil. Mais jamais il ne manque une heure de cours. En revanche, si l'un de ses élèves est absent, alors Samson enfourche sa bicyclette à la récréation pour aller vérifier le motif de cette désertion. Le trouve-t-il en train de jouer qu'il le ramène aussitôt sur les bancs de l'école. Son vélo est toujours près à entrer en action au pied de la barrière.

L'usine Mustad. En médaillon : Marie-Louise Mainberte.

M. Samson est aussi secrétaire de mairie. Lorsqu'un motif impérieux lui fait quitter la classe, sa femme se charge alors de la surveillance des écoliers et lui rapporte le moindre écart de conduite. Aussi, les enfants se méfient-ils de cette auxiliaire zélée. M. Samson est très à cheval sur la politesse et s'inquiète de savoir si, dans le village, les enfants enlèvent bien leur coiffure pour dire *boujou*. Mais bientôt, la famille Mainberte, orpheline de père et de mère, va quitter Yainville. Elle trouvera refuge chez une tante, Delphine Chéron, qui avec son mari, Gaston Poullard, tient un café-graineterie au hameau des Carrières, à Saint-Martin-de-Boscherville. Les Mainberte étaient présents dans la presqu'île de Jumièges depuis au moins huit siècles si bien qu'un hameau porte leur nom[77]...

---

77 Hugues de Mainberte est attesté en 1248.

L'ouvrier italien

L'après-guerre voit encore des gestes fous. Le dernier jour de décembre, Vautier, le pilote du bac du Trait-La Mailleraye, aperçoit au matin un homme sauter d'un appontement. Aussitôt, il s'arme d'un crochet tandis que Cardinal, un marinier, se saisit d'une perche et la tend au désespéré. Celui-ci s'en saisit bien un instant. Mais la lâche subitement et son visage s'estompe lentement dans les profondeurs du fleuve. La veille, cet ouvrier italien de l'entreprise Terrasini s'était porté plusieurs coups de couteau superficiels dans la région du cœur. Pourquoi ? Fernand Magiatris est parti avec son secret...

On change de Président

Février 1920, la France change de président. A la surprise générale, Paul Deschanel bat Clemenceau dans la course à l'Élysée. Du coup, désavoué à gauche comme à droite, le Tigre est blessé et quitte la jungle politique.

De santé précaire, Deschanel succède ainsi à Poincaré qui était aux commandes de l'État depuis 1913. Le nouveau président suit avec intérêt l'avancée des chantiers du Trait. C'est un fervent partisan du logement ouvrier.

Le mois s'achève par la mort d'Émile Amouret. écrasé à Saint-Paër par l'arbre qu'il abattait. Il travaillait ce jour-là pour le compte d'Anselme Lebourgeois, cultivateur à Duclair. La hache sur l'épaule, Amouret s'était rendu au hameau du Quesnel avec son frère Henri et son beau-frère, Debleds. Le voilà mort. Encore un destin navrant. Mobilisé le 4 août 1914, ce natif d'Hénouville avait été porté disparu quelques jours plus tard. Il passa toute la guerre interné en Allemagne.

Première grève aux chantiers

Au Trait, les chantiers sont maintenant opérationnels au point de connaître leur première lutte sociale. Sur 1 200 ouvriers, 900 se mettent en grève en ce mois d'avril 1920. L'application de la loi des 8 heures et la vie chère alimentent les slogans.

A Boscherville, ce sont les démobilisés qui s'organisent. Le 18 avril, ils se réunissent à l'épicerie de Jean-Baptiste Dominois pour constituer une association d'anciens combattants. Ancien maréchal des logis, Dominois a été gazé durant la guerre mais maintenu jusqu'au bout dans le service armé.

L'esprit festif

Le clergé à beau fustiger la danse, la mode féminine, une envie irrépressible de faire la fête s'est emparée de la population. Juillet 1920 ramène les fêtes patronales. La Saint-Pierre à Varengeville où un grand bal est donné sous la direction de M. Greux, la Saint-Pierre encore à Jumièges, face à l'abbaye d'où s'élancent des coureurs à pied et à vélo, la Saint-Martin à Quevillon sous la présidence du maire, M. Chefdeville. L'esprit festif qui prévalait avant guerre va reprendre le dessus. On verra des cirques, des cinémas ambulants sillonner nos campagnes. Il arrive qu'au soir d'une projection, alors que la séance tarde à débuter, le saltimbanque vienne s'excuser devant une salle pleine ayant payé sa place. *« Des ennuis techniques nous obligent à reporter cette soirée à demain. »* Bien entendu, au petit matin, le campement a disparu. Ainsi que quelques lapins dans les clapiers. Ces réjouissances veulent faire oublier ces quatre longues années de guerre. Il en faudra autant pour que le pays se couvre entièrement d'un blanc manteau de monuments.

8

Une mémoire monumentale

Le dimanche 11 juillet 1920, on inaugure en fin de journée le monument d'Yville. Le député Bagneux avait accepté la présidence d'honneur du comité constitué pour son érection. Il vint spécialement de Paris pour être de cette fête mêlant patriotisme et religion. A la mairie se forme un cortège précédé par la flamme de Jeanne d'Arc voilée d'un crêpe de deuil. Les frères d'armes des victimes d'Yville ouvrent la marche, suivis du député, du conseil municipal et des membres du comité. Tout ce monde s'engouffre dans une église éclairée et comble comme jamais. Les officiels prennent place dans le chœur ainsi que les démobilisés et les soldats en permission. Une place centrale est réservée pour accueillir fleurs et couronnes, escortées par deux porte-drapeaux. Après le chant des morts, le clergé mène les participants jusqu'au monument. Là commence la cérémonie laïque.

Président du comité, le comte Arnaud de Malartic est le premier à prendre la parole et fait rouler des larmes sur les joues quand il montre du doigt aux jeunes assistants les noms gravés dans la pierre[78]. Des noms énumérés un à un et qu'un brigadier des douanes ponctue d'un *« Mort au champ d'honneur ! »* Le châtelain d'Yville sait de quoi il parle. Sous-lieutenant au 32e dragons, il a été cité à l'ordre de son corps d'armée[79]. Le maire, le député interviennent à leur tour. Puis l'hymne aux morts de Victor Hugo clôture cette inauguration. Mais les pas hésitent. La communauté villageoise semble vouloir prolonger encore ce moment de recueillement.

---

[78] Benjamin Batteau, Maximin Barreau, Georges Brion, Jules Brunet, René Capelle, Antoine Crétien, Charles Desmoulin, Louis Lefébure, Fortuné Lefèbvre, Joseph Vincent.
[79] Malartic sera maire d'Yville, conseiller d'arrondissement puis conseiller général du canton jusqu'en 1955.

YVILLE-sur-SEINE
LeMonument aux Morts de la Grande Guerre

Mais qu'est devenu Eugène-Alfred Maze ! Le 19 juillet 1920, en attelant son cheval à Heurteauville, il lâche à sa femme : « *Je pars faire provision de tabac à l'entrepôt...* » Il n'a que 2 francs en poche. Depuis, on ne l'a pas revu.

A Boscherville, le 8 août, le Groupe artistique indépendant de Rouen vient donner un nouveau concert au profit du monument. Puis on organise une tombola. A Varengeville, un grand bal marqua la Saint-Gilles, à Villers-Ecalles, c'est la Saint-Froton organisée par M. Greux.

L'hommage à Henri Denise

Ils sont quarante autour de la table. Quarante convives qui rendent hommage à l'inspecteur cantonal des travaux agricoles qu'est Henri Denise. Ce qui lui vaut aujourd'hui le ruban vert. En levant son verre, Charles Pigache rappelle quel fut le rôle de son vieil ami durant la guerre. Des toasts lui sont encore portés par le Dr Allard, son successeur à la mairie. Doyen des maires du canton, Alphonse Darcel est même venu de son château de La Fontaine. Il y a là encore Édouard Prunier, le président du comité de ravitaillement, Clarin Mustad, Henry Lefebvre, le juge de Paix qui préside la commission des allocations militaires[80]. Mais c'est vers Le Trait que se portent maintenant les regards...

Le monument du Trait

En ce 12 septembre 1920, le ciel se fait soudain clément quand Octave Pestel, le maire du Trait, accueille le préfet, plusieurs députés, un général et foule de notabilités du département. Pestel est un homme de gauche. Avant de s'établir au Trait pour sa retraite, il a été instituteur à Tôtes, à Quevillon, à Heurteauville. De fibre radicale socialiste, grand bouffeur de curés et de parvenus, il est encadré aujourd'hui par les patrons des chantiers. Hippolyte Worms en tête ! Les nouveaux Traitons n'ont pas participé aux dernières élections municipales et une rivalité sournoise oppose la municipalité à la direction des Ateliers de la Seine maritime. Celle-ci avait présenté son propre candidat au poste de maire en la personne de l'ingénieur en chef, Alexandre Vince. Octave Pestel avait finalement battu son rival après de viriles saillies verbales. Cet antagonisme va perdurer durant bien des années. Mais aujourd'hui, l'heure est plutôt à la concorde. Nouvellement nommé, l'abbé Quilan[81] bénit d'abord le drapeau des anciens combattants flottant parmi les oriflammes de toutes les puissances alliées. L'église disparaît sous les fleurs et durant l'office Olga d'Abancourt

---

80 Lefebvre reçut peu après la médaille d'argent du ministère de l'Intérieur.
81 Raymond Quilan est né à Dieppe en 1881. Il fut nommé en 1927 à Sotteville.

donne au violon le *Pie Jesus* de Saint-Saëns. Le curé est lui-même ancien combattant et sait trouver les mots pour honorer ses camarades disparus. Séminariste, Raymond Quilan avait d'abord été dispensé de service militaire. Il avait, cependant, subi quelques mois d'armée. Myope, il fut incorporé sur décision de la commission de réforme en janvier 1915. Cette guerre, l'homme d'église l'a faite en qualité d'infirmier.

Dégradé en 1943 par un bombardement allié, restauré par Ringot en 1948, le monument sera déplacé en 2012 pour prendre place devant la nouvelle mairie.

On se dirige à présent devant la mairie où le député Anquetil remet un drapeau au commandant Mangin, président des anciens combattants. Leurs discours sont à l'unisson : il faut poursuivre la guerre économique, secourir les infortunés, travailler à la grandeur de la France. Travailler ? Les cales de construction qui se profilent plus bas en sont l'illustration et Georges Majoux, le directeur de la maison Worms, sera bientôt gratifié de la Légion d'Honneur. Les chantiers ont déjà leur lyre qui interprète la *Marseillaise* sous la direction de M. Becques. Puis on revient vers le cimetière où s'élève le monument dû aux ciseaux de Ringot et Masselot. En fuyant l'enfer du Nord, Maurice Ringot vit au Trait depuis 1917. Il y a rejoint son frère, architecte, chargé de bâtir la cité ouvrière. On devra bien d'autres monuments dans la région à ce fils et petit-fils de sculpteurs[82].

Octave Pestel, le maire du Trait (Coll. Jean Legallet).

Cette stèle est peut-être la plus réussie de Ringot. C'est un altier guerrier gaulois qui salue du glaive les noms inscrits dans le granit et couronnés de la Croix de guerre[83]. Le monument béni, Pestel retrace la destinée des quinze Traitons morts pour la France. Puis interviennent le député Maillard, le préfet... Et celui-ci rappelle qu'Octave Pestel avait placé dans sa salle de classe les noms des élèves morts durant la guerre de 70 : « *C'est de cette excellente*

---

82 Né en 1880 à Bergues, Maurice Ringot est mort en 1951 à Malo-les-Bains.
83 Marcel Baillif, Émile Bénard, Eugène Crevel, Bertrand Delacote, Georges Duonor, Charles Hébert, Marcel Le Chevallier, Abel Lechevalier, Charles Mallet, Henri Montier, Maurice Noël, Raymond Piot, Louis Poulain, Gabriel Recligny, Louis Sieurin.

leçon de patriotisme que tous les héros d'aujourd'hui se sont inspirés lorsque, le jour venu, ils se sont dirigés d'un même élan vers la frontière menacée... » Octave Pestel voue en effet un véritable culte aux Morts pour la Patrie. Dans ses dernières volontés, il demandera à être inhumé près du monument qu'il inaugure aujourd'hui[84]. Autour de lui, les anciens et les nouveaux Traitons font corps. Ce qui fait dire au préfet, non sans arrière-pensée : « *Il y a un trait d'union entre les deux Trait* ». Quinet déclenche alors la chorale des écoliers pour plusieurs chants patriotiques.

Les frasques de Deschanel

Les morts étant honorés, on se rend à la cité ouvrière récompenser les lauréats du concours de jardins. La plupart remettront du reste le montant de leur prix à la caisse des écoles[85]. Chemin faisant, les officiels ne ménagent pas les compliments aux dirigeants des chantiers pour les logements, les loisirs sociaux mis à disposition des ouvriers. Nouveau phalanstère, Le Trait fait déjà figure de modèle, notamment dans la lutte contre l'alcoolisme, la tuberculose.

200 couverts ont été dressés. Au banquet qui suit, des vœux de rétablissement sont formulés à l'égard du président de la République. C'est qu'il n'a plus toute sa tête, notre premier magistrat. Voici quelques mois, Paul Deschanel est tombé d'un train et s'est présenté en pyjama au garde-barrière. Ce qui fait depuis les choux gras de la presse. Ces souhaits formulés au Trait seront vains. Deschanel démissionnera dans dix jours après sept mois de mandat, laissant son chef de gouvernement, Alexandre Millerand, lui succéder. Aujourd'hui, tout s'achève par la visite des chantiers. Deux cargos sont déjà en construction, vingt autres en commande. Vingt ! Seulement voilà, la tôle fait cruellement défaut.

Incendie chez Mustad

Tandis qu'à Varengeville, on recherche désespérément une fillette

---

84 Officier de l'Instruction publique, Octave Pestel est décédé maire en 1932.
85 L'œuvre du Sou des écoles laïques du Trait instaura la gratuité des fournitures scolaires durant l'année 1920-1921.

de 10 ans, Gilberte Carmont, coup dur chez Mustad. Le soir du 15 septembre, un incendie se déclare dans les ateliers. Germond, le capitaine des pompiers en vient à bout mais une centaine d'ouvriers sont au chômage.

A Boscherville, la Médaille militaire est décernée à titre posthume au sergent Émile Delahaye. Le 23 octobre 1917, il s'était lancé à l'assaut de positions allemandes puissamment fortifiées, se dépensant sans compter et exaltant le moral de ses Zouaves. Il avait été trois fois cité avant de trouver la mort dans cette attaque.

Visite officielle à Duclair

Le 18 septembre, Paul Bignon[86], le sous-secrétaire d'État à la Marine marchande, est attendu dans nos ports secoués par plusieurs grèves cette année. A Duclair, les maisons ont été pavoisées. Des maisons qui vont bientôt se multiplier car Mustad a lancé un vaste programme immobilier.

Au quai sont amarrés plusieurs grandes péniches et le vapeur *Flandria*. Bignon renonce à descendre la Seine à bord du *Bardouville* et nous arrive de Rouen en voiture sous une pluie battante. Mauvais présage ! Dans les couloir du Parlement, une légende veut que, chaque fois qu'un ministre vient visiter le port de Rouen, il pleuve à torrent et que son ministère tombe dans les huit jours...

A Duclair, Bignon est accueilli par le gratin du canton. Place de l'hôtel de ville, le ministre passe les pompiers en revue aux accents de *La Marseillaise* interprétée par la fanfare. Dans ses rangs, il y a le tambour Boisard. A 78 ans, c'est le doyen des tapins de France.

A l'étage, le jeune Roussel annone un compliment avant que Mlle Guérin offre des fleurs au ministre. Il y répond par un baiser plutôt que des paroles. De l'avis de tous, le choix est judicieux. Mais voici que le Dr Allard rappelle le rôle important du port de Duclair durant la guerre. Car il a servi à décongestionner celui de Rouen.[87]

Avec la Paix, on espère que le projet de bifurcation sur Boscherville de la ligne Barentin-Caudebec va faire de la vallée de

---

86 Paul Bignon (1868-1932), maire d'Eu, conseiller général aux côtés d'Henri Denise, député républicain de gauche puis sénateur. Ses fonctions ministérielles durèrent un an.
87 140 navires en 1915 ; 181 en 1916 ; 146 en 1917 ; 239 en 1918 et 160 en 1919 pour un tonnage annuel allant de 70 000 à 141 000 tonnes.

la Seine une nouvelle Tamise, même si le paysage n'y gagnera pas.

Pour ce port, le maire de Duclair demande des souplesses financières et ajoute deux suppliques : l'amélioration du réseau téléphonique occupé pour beaucoup par des chantiers du Trait très bavards et la réfection au plus tôt de la route départementale parsemée de fondrières.

Revue des pompiers à Duclair

Henri Denise ajoute que les berges de la Seine ont beaucoup souffert durant la guerre et qu'une aide aux riverains s'avère nécessaire. En bon politique, Bignon prend bonne note de ces doléances. Puis le cortège officiel s'élance en direction du Trait...

Le *Flandria* apportant son chargement de fer à Duclair.

Georges Majoux distingué

Tout le personnel des ACSM est rassemblé dans un vaste atelier quand la lyre du Trait donne à son tour l'hymne national. Là, le ministre se confond en excuses. Il était attendu à l'inauguration du monument aux morts et regrette de n'avoir pu assister à cette manifestation à laquelle participaient douze associations naissantes. « *A la fin de l'année,* promet Hippolyte Worms à Bignon, *tous nos travaux seront terminés et nous pourrons lancer notre premier bateau en juin. J'espère que ce jour-là, ministre de la Marine marchande, vous voudrez bien nous honorer de votre présence.* »

Auprès de l'homme d'État, le préfet insiste sur le modèle social mis en place au Trait en matière de logement et brosse un portrait flatteur du directeur, Georges Majoux. D'ailleurs, c'est un peu pour lui que Bignon est là aujourd'hui. Car il lui décerne la Légion d'honneur sous les yeux quelque peu envieux de son patron. Mais il aura bientôt sa rosette, Hippolyte Worms. Il l'aura pour avoir ravitaillé la France en charbon à ses risques et périls durant la Grande guerre.

Le Trait défie Duclair

Au lendemain de cette visite ministérielle, une plaque commémorative des morts pour la France est inaugurée à Duclair au cours d'un service solennel. A l'église Saint-Denis, les voix des jeunes choristes de la paroisse s'élèvent. Secrétaire général de l'archevêché, le chanoine Letendre prononce l'allocution puis le chanoine Herly bénit cette plaque vissée au-dessus du Saint-Sépulcre et surmontée d'une croix voilée. Henri Denise est bien sûr au premier rang.

Le premier dimanche d'octobre 1920, la fanfare donne un nouveau bal sous les halles de Duclair. Car elle est omniprésente la clique de Louis Pellerin. Dans le chef-lieu, dans le moindre village. Deux jours plus tard, la foire Saint-Denis attire son monde avec ses manèges. Sur fond de rationnement, la vie reprend ses droits. A Duclair est créée une union sportive.

Le Trait, cité nouvelle, aura également la sienne mais aussi son bureau de poste et bientôt son marché, son centre téléphonique, sa nouvelle école. Et même son journal.

En quatre ans, sa population a quintuplé pour dépasser les 1 500 habitants. Encore quelques tranches de programmes immobiliers, et elle dépassera Duclair qui en à plus de 2 000[88].

C'est sans compter les ouvriers des chantiers qui résident dans les communes voisines. Ils sont encore 500 à prendre chaque soir la direction de la gare du Trait. Bref, le centre de gravité du canton est en train de bouger...

Les commémorations vont crescendo

La Toussaint de 1920 fut marquée par un profond recueillement. Jamais, dans les églises, dans les cimetières, on ne vit autant de fidèles à la fête des Morts.

Et voilà qu'un feu du diable, éternel ennemi des filatures, frappe encore. Au Paulu, chez Leurent, anciennement Cabrol, 170 ouvriers se retrouvent au chômage avec la destruction d'un atelier de préparation du coton. L'usine est arrêtée. Le maire, René Dieusy, organise un comité de secours et l'on espère que les filateurs voisins absorberont quelques mois la main d'œuvre privée de travail.

---

88 Au recensement de 1931, Duclair compte 2 237 habitants, Le Trait 2 932.

Le cinquantenaire de la République

Après la Toussaint, la seconde commémoration du 11 Novembre depuis la guerre eut aussi un retentissement considérable. D'autant que l'on marquait en même temps le cinquantenaire de la IIIe République. Et quand sont nés nombre de Poilus, un retour à la monarchie n'était toujours pas à écarter.

Cérémonie au Vieux-Trait avec la lyre des chantiers...

Au Trait, ce fut de nouvelles cérémonies religieuses et patriotiques. Après quoi le maire, Octave Pestel, mena ses administrés jusqu'au square où était planté un arbre de la Liberté. Au cinéma, Georges Majoux donna quant à lui une conférence sur l'histoire de la IIIe République et ses progrès sociaux pour conclure sur un vibrant appel en faveur de l'emprunt national destiné à la reconstruction des régions dévastées.

A Yainville, M. Delestre, le préposé aux sonneries civiles, perçut un supplément de 5 F pour faire chanter Anne, la cloche de la plus vieille église du canton. Sur la place de l'abbaye, à Boscherville, ce 11 Novembre 1920 est aussi l'occasion de poser la première pierre du monument aux morts. Pour le financer, les jeunes filles vendent encore des insignes. Puis on va au cimetière pour bénir un drapeau offert par la municipalité. Il flotte là où les sépultures de soldats tombés au front seront transférées. Parmi les participants, des gens au visage grave. Ce sont les proches du canonnier Bruneau et du sergent Delahaye, morts pour la France. On leur remet à titre posthume la Croix de guerre.

Le monument de Sainte-Marguerite

Trois jours plus tard, le dimanche 14 novembre 1920, Sainte-Marguerite-sur-Duclair inaugure son monument. Il est dû lui aussi aux ciseaux de Maurice Ringot et représente un Poilu. Dans cette commune administrée par M. Hébert, vingt-six enfants du village sont tombés[89]. Les cérémonies durent toute la journée. Elles débutent par une messe. L'après-midi, le député Bagneux offre un

---

89 Louis Bersout, Louis Dabancourt, Marcel Davril, Louis Delahays, André Demare, Marius Druot, Émile Ferment, Antoine Fontaine, Pierre Grancire, Alfred Hémard, Édouard Hémard, Henri Lemarchand, Joseph Lemarchand, Émile Lenormand, Albert Loquin, André Loquin, Eugène Maillard, Henri Millon, Frédéric Pinel, Arthur Ponty, Charles Ponty, André Saint-Martin, Henri Simon, Léon Vallois, Henri Vermont, Henri Vicer.

drapeau au président des anciens combattants, M. Mauger. Puis c'est à nouveau une messe célébrée par le curé-doyen de Duclair assisté de celui de Saint-Paër, l'abbé Prunier et l'abbé Quilan du Trait qui prononce l'allocution. On le voit, les participants viennent de partout[90]. Après quoi, c'est l'inauguration du monument proprement dite, ponctuée par les chants patriotiques des écoliers. Au moment du vin d'honneur, en mairie, on remet des diplômes aux agricultrices dont les maris sont encore mobilisés. Plus tard, en 1922, la famille de Léon Vallois recevra sa Médaille militaire posthume. Soldat du 150e RI, Croix de guerre, il était mort de ses blessures le 11 juillet 1916.

On n'entendra plus la gouaille de la Mère L'Amour, la fameuse marchande de journaux de Duclair. Elle meurt le 3 décembre 1920 mais demeure immortalisée par les cartes postales éditées par la librairie Pruvost[91].

Le Trait s'est trouvé une nouvelle fête : la Saint-Eloi, patron des métallurgistes. Le 5 décembre 1920, au cours d'une grand messe, la voix de ténor de M. Elboode se mêle à celle du baryton Mabit pour des chants religieux accompagnés au piano par Mme Lefèbvre. L'après-midi, il y aura aussi un concert de la lyre des chantiers. Elle partage l'affiche avec un chanteur de genre, Youl et le comique Ruro. Si Le Trait poursuit sa mue, Yainville, le village voisin, va bientôt connaître un essor considérable[92]...

Et la lumière fut

Ce cheval qui passe au grand galop? C'est Monsieur Neveu, l'hôtelier de Jumièges, qui, comme chaque soir, s'en va en charrette porter le courrier de sa commune à la gare. Bruissant de volatiles, moutons, vaches, chevaux, le Yainville des années 20 se voit gagné par le progrès. Car la fée électricité a touché ce lieu de sa baguette. La centrale est maintenant opérationnelle. Ingénieur, Henri Laboureur y dirige une soixantaine d'agents travaillant par quarts.

---

90 Denise et Pigache sont là ainsi qu'Alphonse Hémard, maire de Saint-Paër, Alfred Hébert, celui d'Epinay et son président des démobilisés, J. Lefèbvre. Achard représente les chantiers du Trait.
91 Depuis 1898, Léon Pruvost collabore aussi aux hebdomadaires paraissant dans la région. Il décédera prématurément, à 52 ans , en juillet 1923.
92 Yainville : 265 habitants en 1921, 616 en 1954, 1 246 en 1984...

L'usine est équipée d'un appontement de 80 m pour le débarquement du charbon anglais, d'un pont roulant de 25 tonnes pour la manipulation du combustible, de six chaudières de type Clarke Chapman et enfin de trois groupes de turboalternateurs. et. De quoi fournir du courant alternatif triphasé à 5 000 volts ainsi que du courant continu.

Une équipe de quart à la centrale d'Yainville.

Dans les mois qui viennent, deux câbles sous-marins vont relier l'Eure à la centrale et l'État débloquera dans les années qui viennent des fonds conséquents pour permettre aux communes de s'électrifier[93]. Ce qui donnera lieu parfois à des délibérations originales comme celle de Villers-Ecalles qui interdit aux enfants de jouer au cerf volant. « *Souffler la lumière* » restera longtemps dans le langage courant, en souvenir des bougies. En souvenir ? Pas tout à fait. On en garde toujours en réserve car les arrêts de la centrale seront fréquents.

A Villers-Ecalles, l'emplacement définitif du monument aux morts était arrêté : ce sera bien sûr près de l'église. L'adjoint, M. Hémard, invitait les sculpteurs et architectes à soumettre leurs projets.

---

93 Les communes dépendant de la SHEE seront toutes électrifiées de 1925 à 1931.

La fin de l'année arriva. Eustache Délogé, le garde-champêtre d'Yainville, allait une nouvelle fois faire la tournée des popotes où l'on savait l'accueillir. Chemin faisant, il tapera sur son tambour de plus en plus fort jusqu'au moment où il en crèvera la peau. Il en était ainsi à chaque Saint-Sylvestre.

A Heurteauville, on réunira tous les enfants autour d'un sapin. Dans cette commune, l'arbre de Noël sera désormais un rendez-vous immuable, agrémenté de spectacles enfantins. Détrônant saint Nicolas, un nouveau personnage s'est imposé durant la Grande guerre : le père Noël.

Les élèves de M. Adam, à Heurteauville (coll. Josiane Marchand). Ont été identifiés au premier rang, de gauche à droite, en 4e position : Alphonsine Lepagnol ; 5e Renée Lefèbvre ; 8e Charles Christophe ; 9e Roger Lamy ; 12e N... Léguillon. Au second rang: 2e Olympe Persil ; 3e Marie-Louise Messier ; 4e Chalotte Duonor ; 5e Monsieur Adam l'instituteur ; 7e Raymond Gallien ; 9e René Léguillon. Enfin au 3e rang : 2e Stanislas Ernest Lamy ; 6e N... Gopois

Toujours des images de fêtes, à Duclair, au Trait...

9

Les Poilus s'organisent

Un coup de couteau ouvre 1921. A la cantine des chantiers du Trait, Levasseur, un peintre, finit son repas. Passe près de lui un ouvrier espagnol qui se dirige vers la sortie. Et lui assène soudain un coup de poing. Quels propos ont provoqué ce geste ? Toujours est-il que Levasseur riposte et fait rouler son adversaire à terre. Celui-ci se relève. Une lame brille dans sa main. Poignardé par deux fois, Levasseur pers son sang mais trouve encore la force de faire exploser une bouteille sur la tête de l'Espagnol. Ce dernier sera écroué à Rouen. Levasseur, lui, s'en remettra.

L'élection de Gaston Legallet

Que nous sommes loin des liens fraternels entre anciens Poilus. Dès la fin 1918, avec le père Brottier, Clemenceau a fondé l'Union nationale des combattants. Objectif : faire reconnaître le droit à réparation des anciens mobilisés, veuves et orphelins de guerre. Une devise : Unis comme au front ! L'UNC n'est pas seule. Dès 1917 a été créée autour d'Henri Barbusse l'Association républicaine des anciens combattants. L'Arac est à gauche tandis que l'UNC est plutôt nationaliste. On note encore l'Association des écrivains combattants, la Fédération nationale des anciens prisonniers de guerre...

En 1921, sous l'égide de l'UNC, Quevillon, Boscherville et Hénouville sont déjà regroupés en une même section[94]. D'autres

---

[94] Maire, Léonis Danet est président d'honneur avec MM. Robert et Danger. Président : L. Bardel ; vice-président : G. Guéroult, trésorier : R. Chandelier, secrétaire : A. Dominois ; assesseurs : Andrieu, Oscar et Bourdon. La sous-section d'Hénouville a MM. Darcel, maire et Jean Duparc pour présidents d'honneur, président : Marc Fessard ; secrétaire : Mathieu Derivery. Quevillon aura Léon Chefdeville, ancien maire, pour président d'honneur et l'instituteur, M.

associations sont encore en gestation. Comme à Duclair où une première réunion recueille 150 adhésions. Cette société sera présidée par un ancien de Saint-Cyr, titulaire de la Légion d'Honneur et châtelain du Vaurouy : le capitaine André Merle du Bourg[95]. Gaston Legallet est élu secrétaire. Son adjoint est Marcel Pellerin, le fils du directeur de la fanfare[96].

En marge de la Grande guerre, un événement aura été la Révolution d'Octobre. Depuis, un parti communiste français est né. Il a ses adeptes dans le canton qui versent leur obole en signant : « *Un groupe de Communistes de la cambrousse pour réveiller les avachis de ce pays...* » Ces avachis, ils poursuivent en tout cas leur quête en faveur d'un monument aux morts à Duclair. A la Mi-Carême, sous les halles, un bal travesti réunit encore des fonds.

Les plaques commémoratives

Les plaques d'Anneville, Ambourville et Epinay (Alain Guyomard).

14 février 1921. Les élus d'Ambourville décident d'apposer une plaque sur le mur extérieur de l'église Saint-Rémi. Quatre noms y seront gravés[97]. Voilà qui précède généralement l'érection d'un

---

Fréret, pour président.
95 André Merle du Bourg, né en 1880 à Carentan, décédé en 1960 à Mont-Saint-Aignan.
96 Vice-présidents : Henri Denise fils et Célestin Dubuc ; Trésoriers : Maurice Guérin et Marcel Leroy ; assesseurs : De Heyn, Grancher, Hamel, Laurent, Louet, André Ouin, Jaquette.
97 Charles Dubois, Armand Ducatel, Raoul Honfrad, Hippolyte Protais.

Les Poilus s'organisent   159

moment. A Ambourville, on s'arrêtera là. Idem à Anneville où dix noms sont inscrits près du porche de N.-D. de l'Assomption[98]. On y ajoutera plus tard une plaque en hommage aux veuves et orphelins de toutes les guerres. A Epinay, c'est à l'intérieur même de l'église Saint-Martin que figure aujourd'hui une plaque mêlant les morts des deux guerres mondiales[99].

Le monument d'Heurteauville

En arrière-plan, la chapelle funéraire du maire, Charles Guérin (M. Grain)

Le 27 février 1921, Henri Denise est encore campé dans sa stature de conseiller général. Il inaugure le monument aux morts d'Heurteauville. Six hommes sont morts dans cet ancien hameau de Jumièges[100]. De la mairie, précédé par la musique de La Mailleraye,

---

98 Georges Angot, René Déhais, Eugène Emeral, Ernest Foucher, Charles Hétru, Léon Lechevalier, Maurice Lemercier, Pierre Lépagnol, Auguste Rémy, Louis Rémy.
99 Ceux de la Grande guerre : Eugène Boulingue, Émile Burel, Louis Delahaye, Eugène Fleury, Ferdinand Lemarchand, Eugène Pessy, Henri Pessy...
100 Achille Ancel, Gustave Broche, Georges Cléret, Edmond Gontier, Alexandre

un cortège se rend à l'église à 2 h de l'après-midi. De La Mailleraye vient aussi le curé. Après quoi, on se retrouve dans le cimetière où Denise ponctue les discours de Lemoine, l'adjoint au maire et de Dumet, mutilé de guerre, représentant les anciens combattants de la région.

Entre deux commémorations, la presse distille ses petits potins. A Saint-Paër, on vole la vache du maire dans son étable, à Duclair, le linge mis à sécher par Mmes Lefèbvre et Delabarre disparaît. Au trait, on s'extasie devant les triplés mis au monde par la garde-barrière, Mme Nicolie...

Les Bloch-Levallois

Une paysanne de Yainville et sa vache au manoir des Zoaques..

Le manoir des Zoaques ayant été mis en vente par Charlotte Lysès après son divorce d'avec Guitry, Yainville va voir l'arrivée des Bloch, une dynastie parisienne de marchands de biens à qui l'on doit la ville de Levallois-Peret. Si bien qu'elle a été autorisée à en porter le nom. Mademoiselle Bloch-Levallois se fait bientôt remarquer pour ses excès de vitesse en traversant Duclair au volant de sa voiture aux rayons en bois. Plus que le couple Guitry-Lysès

---

Lefèbvre, Léon Varin.

elle sait se rapprocher de la population. A la saison des bigarreaux, les petits Yainvillais ne manqueront jamais de lui en apporter. Car ils savent qu'elle leur donnera quelques pièces. A l'église, cette femme élégante offre aussi le pain bénit des demoiselles et c'est un privilège que de lui faire goûter la première tranche. Les Bloch-Levallois céderont plus tard leur domaine au mari de Marthe Haneau, la fameuse banquière. Puis Clarin Mustad en fera sa résidence.

Saint-Pierre Rosseries...

Mars 1921 voit encore des fêtes un peu partout. L'amicale des jeunes de Varengeville enchaîne tours de chant et saynètes. Elle a même sa revue : *Saint-Pierre-Rosseries* dont M. Quevaine vend les billets. A Boscheville, salle Brulin, la troupe Chansonnia offre un récital qui se termine par *Octave*, une comédie. A Jumièges, pour Pâques, on fait appel à la musique de Barentin qui fait patienter le public avant le feu d'artifice tiré par la maison Rugieri-Duchemin, de Déville.

Le monument de Berville

C'est le 13 mars 1921 qu'est inauguré le monument de Berville-sur-Seine. Sur la cale du bac, en début d'après-midi, Charles Guilman, le maire, et son adjoint Contremoulins, accueillent l'incontournable Henri Denise. Il y a là les vétérans du siècle dernier, les douaniers des bords de Seine, les anciens Poilus et les proches des disparus.

Tout commence par le don de Mme Lesage aux anciens combattants d'un drapeau frangé d'or. Celui-ci a été obtenu grâce à une souscription menée par les femmes du village[101]. Après quoi, M. Lesage, grand mutilé de guerre, reçoit du lieutenant des Douanes la Médaille militaire et la Croix de guerre.

Un cortège se forme alors et l'on chemine vers l'église de l'abbé Blanquet. Là, les voix de MM. Pigache et Roussel entonnent des chants patriotiques.

La foule entoure maintenant le monument tapissé de couronnes pour sa bénédiction.

---

101 Elle fut conduite par Mmes Legras, Crevel, Mlles Peine et Lindel.

Le monument de Berville (Photo Alain Guyomard).

Le maire énumère ensuite les douze Bervillais morts pour la France[102] avant de céder la parole à Denise et Furt, un ancien de 70. Pigache succède aux orateurs en donnant une poésie de sa composition. M. Corbule chante enfin *La vieille Alsace*. Là encore on remet des diplômes aux familles, là encore on sacrifie au rite du vin d'honneur. Parmi les Bervillais disparus, citons Grégoire

---

102 Albert Angot, Auguste Ducatel, Cyrille Duquesne, Charles Fleury, Georges Genet, Désiré Gougeon, Alphonse Lebourg, Albert Lebourgeois, Félix Paine, Frédéric Paine, Grégoire Pigache, Jules Richer.

Pigache. Il est mort lors du naufrage du *Gallia* dont nous a déjà parlé Gaston Legallet dans son carnet de guerre.

La frousse du Dr Allard

Mars 1921. Yville puis Mauny sont encore menacés d'un important incendie de forêt. Les pompiers de La Bouille font appel à deux compagnies du 3e Génie de Rouen.

Avril voit encore un spectacle à Boscherville au profit du monument. Opérette, chanteurs à transformation, violon... nombre des 670 habitants viennent applaudir, salle Brulin, Castelly, Luciano, Drayel, Max Roberts tandis que Mlles Coffre et Guilbert mènent la quête.

Ce même mois, le Dr Allard, maire de Duclair, a des sueurs froides Alors qu'il parcourt les quais en voiture, une automobile sort de l'hôtel de la Poste, évite un attelage et vient percuter son véhicule. Malgré la violence du choc, le médecin est indemne. Sa voiture en revanche...

Les premiers cars

Avril 1921 connaît une petite révolution sur le plan des transports. A Duclair, la diligence de M. Acius a cessé de fonctionner en 1915. Reste la messagerie de Rouen au Havre. Quand elle arrive, cahin-caha, à Yainville, le postillon trouve à la ferme Bénard un relais de chevaux qui lui prête des renforts pour gravir la côte Béchère. Ce sont là ses derniers trajets.

Empanachés de fumée, deux trains le matin et deux le soir circulent bien entre Caudebec et Barentin mais les correspondances improbables pour Rouen font souvent hurler les passagers. Née de la folie ferroviaire de la fin du XIXe siècle qui a tissé un réseau aux mailles serrées, la ligne de chemin de fer est en déficit chronique dans notre canton malgré l'usine et le chantier qui viennent de s'ouvrir.

Et voilà qu'elle à affaire à une redoutable concurrence. Car on peut compter désormais sur une ligne d'autocar qui sert en même temps de messagerie. Ces cars sont de forme rectangulaire, peints et vert et tout en vitres si bien qu'on les appelle aussitôt les aquariums.

La ligne Caudebec-Duclair-Rouen.

Western à Boscherville

Le mois s'achève par un western à Boscherville. Guillaume Tassin, le garde-chasse, s'en revient de Montigny quand il croise deux braconniers au Chêne-à-Leu. L'un d'eux porte un fusil que Tassin vide de ses cartouches en maugréant dans sa moustache. Puis il s'en va. Il croise encore deux autres hommes qui, manifestement, vont à la rencontre des premiers. Soudain, l'un s'enfuit tandis que l'autre fait face au garde, armé d'un fusil. C'est le jeune Marcel, un cailloutier des carrières du Val-aux-Dames. Ancien engagé volontaire, il n'a été libéré qu'en 1920 après avoir fait l'Orient. Se croit-il encore au front ? Poursuivi par le garde, route de Saint-Georges, Marcel se retourne et met le met en joue. Or Tassin n'a que ses jumelles pour faire mine de viser aussi son adversaire. Le braconnier finit par tirer sur le garde qui ne doit son salut qu'à une esquive providentielle. La cavalcade reprend. Nouveau coup de feu vers Tassin. Marcel parvient à s'évanouir dans la nature. Mais une enquête de la 18ᵉ brigade mobile aboutit rapidement à l'arrestation de cette tête brûlée. Juge d'Instruction, M. Ragot obtiendra ses aveux aux forceps. Marcel écope de deux ans de prison et, un peu plus tard, sera encore condamné pour vol et encore délit de chasse.

Le monument de Saint-Paër

Le monument de Saint-Paër fut inauguré le dimanche 1er mai 1921. Pour avoir accueilli une colonie durant la guerre, Max de Joigny venait de recevoir du roi des Belges la croix de chevalier de la Couronne. A 14 h, Alphonse Hémard, le maire, accueille le député Maillard. Autour de Denise, beaucoup, beaucoup d'élus de la région et puis M. Nicolle, président des anciens combattants. Bienfaitrice de la paroisse, Mme Bigot lui remet un drapeau. La fanfare de Duclair mène ensuite la foule à l'église pavoisée aux couleurs des Alliés par l'abbé Prunier. Les chants sont soutenus par MM. Villette au violon, Maurice à l'orgue. La fanfare donne deux morceaux et l'on s'en va bénir le monument, non loin du porche.

La foule autour du monument de Saint-Paër

Ringot est encore l'auteur de cette Marianne brandissant une épée. Parmi les orateurs : Lattelais, doyen du conseil. M. Pigache, élu municipal et maître de cérémonie, récite un poème dédié aux Saint-Paërois disparus[103]. Quand M. Douyère sert le vin d'honneur

---

103 Albert Andrieu, Alfred Besnier, Gaston Besnier, Jules Brunet, Edmond Canu, Eugène Canu, Louis Chevalier, Narcisse Delaune, Maurice Engrand, Jules Ferment, Gaston Froumentin, Alexandre Gallien, Henri Grémont, Adolphe Guiniot, Jules Herment, Paul Lebourgeois, Ernest Lecordier, Henri Letudais, Eugène Masson, Alexandre Mauger, Henri Montier, Edmond Ponty, Alfred Quevilly, Louis Sellier, Louis Sieurin, Jules Thomas, Emile Tiphagne, Gaston Varin, Léon

en mairie, le député dénonce la mauvaise foi des vaincus. Avec le traité de Versailles, l'Allemagne doit verser 132 milliards de mark-or qu'elle rechigne à payer. Au lunch, la fanfare exprime encore ses talents et les anciens combattants poussent des chants patriotiques. A l'instar des autres communes, ceux de Saint-Paër pratiqueront l'entraide, accordant des indemnités aux malades, offrant des primes de naissance...

Le monument de Bardouville

Le monument de Bardouville et l'une des victimes : Philippe Maze, natif du Mesnil.

Le 31 mai 1921 a lieu l'inauguration du monument de Bardouville où sept enfants du village ont trouvé la mort[104]. 117 familles ont réuni les deux-tiers des fonds nécessaires à l'érection de la stèle commémorative réalisée par Roussel, le marbrier de Duclair. Auguste Thuillier, le maire, préside la cérémonie.

Vigier.
104 Jules Clépoint, Charles Duforestel, Philippe Maze, Alfred Porcher, Gaston Rougeolle, Raoul Thuillier, Léon Vasse.

Les moules au père Froville

Comme avant-guerre, des commerçants ambulants seront des figures familières de nos village : Monsieur Lorgnier, le boucher-charcutier de Jumièges, Marie Cauchois et ses vêtements d'enfants, Mmes Béchin et Constantin, les boulangères de Duclair circulant en calèche. Un marchand de moules vend à la criée les fruits de mer qu'il va chercher au train du Trait. C'est le père Froville qu'accompagnent des ribambelles de marmousets criant à tue-tête : *« Aj'tez pas les moules au père Froville, y pisse dessus ! »* Jolie publicité...

Une de ces mères-courage : la veuve Barbey et ses trois enfants.

168 14-18 dans le canton de Duclair

Encore et toujours des images de fête. Cette fois à Sainte-Marguerite, à Saint-Paër...

10

Un pays en métamorphose

Des usines, des cars, des associations, des festivités, des clubs sportifs... Le pays change, le pays s'organise. Le 1er juin 1921, Worms ouvre au Trait une école ménagère sous la direction de Mlle Sery. Son but affiché : *« l'éducation morale et pratique de la femme »*. Aujourd'hui, le slogan ferait hurler. Le préfet qui l'inaugure a un nom alors difficile à porter : Lallemand. Nombre de maires du canton sont là et Georges Majoux leur donne un aperçu des cours en passant d'une salle à l'autre : habillement, cuisine, hygiène et puériculture, économie domestique et droit usuel, basse-cour et jardin. Bref, pour les ouvriers du Trait, l'école ménagère sera le vivier des parfaites épouses.

L'école ménagère de Mlle Sery.

Le premier club sportif

Le 5 juin 1921, le Dr Chatel crée le Duclair Athlétique Club. Il prend le relais de l'Union sportive duclairoise née deux ans plus tôt. Ainsi le Dac est-il le doyen des clubs du canton. Celui du Trait le suit de près mais il faudra des années pour en voir fleurir partout[105]. Les footballeurs du Dac, surnommés les Canards, arborent un palmipède brodé sur la poitrine. Mais le foot n'est pas roi. Le club duclairois organise chaque année un meeting d'athlétisme qui attire des dossards régionaux dans des courses individuelles et des relais suivis d'un cross-country. Duclair a aussi ses nageurs, Duquesne, Hauchecorne, Dubreuil, qui luttent avec des spécialistes les jours de régate. Le canton compte encore foule de coureurs cyclistes engagés à titre individuel dans les fêtes patronales.

Les premier joueurs du Dac. Assis à droite : Marcel Pellerin. Une figure...

La conférence d'André Marie

Avocat au barreau de Rouen, André Marie a de la faconde et

---

105 L'Étoile sportive de Jumièges sera créé par Georges Boutard en 1937, la Société locale de loisirs et de sports d'Yainville par Marcel Blaise en 1938...

personne n'en doute : ce brillant orateur a de l'avenir[106]. Croix de guerre, deux fois blessé, ce jeune homme commandait une batterie de 75 à la fin de la guerre. A Saint-Pierre-de-Varengeville, il vient un jour de juin exposer aux anciens combattants les bienfaits d'une association. André Marie prêche à des convaincus. Depuis mai, à Varengeville, ils sont déjà 130 au sein de leur section. La conférence terminée, Poilus et vétérans de 70 vont déposer des fleurs sur les tombes des dépouilles rapatriées au pays.

En ce mois de juin 1921, le *Journal de Duclair* publie sur plusieurs numéros la liste des morts pour la France dans le chef-lieu. C'est que l'on va bientôt la confier au graveur. Les familles sont donc invités à bien vérifier les noms, les régiments, les dates... De Heyn, l'adjoint au maire de Duclair, préside le comité du monument avec MM. Roussel pour trésorier et Guérin secrétaire.

Mort d'une confrérie

Si naissent des structures d'un genre nouveau, de vieilles associations héritées de l'ancien régime disparaissent. La guerre aura été fatale à la confrérie du Loup Vert qui, depuis la nuit des temps, se livrait à un étrange cérémonial à Jumièges. Le soir du 23 juin 1921, l'abbé Grout vint encore au Conihout pour bénir le brasier, chanter le *Te Deum* et partager les repas des charitons. La confrérie ne comptait plus alors que quatre membres qui remirent leur démission au curé. Celui-ci tentera bien de sauver la frérie. En vain. De juin, le rite du feu de la Saint Jean sera avancé à février et quittera le Conihout pour le fossé Piquet. La jeunesse y brûlera encore, durant quelques années, 500 belles bourrées.

Venue de l'archevêque

Juillet, mois des fêtes patronales avec leurs courses cyclistes à Varengeville, à Jumièges. Le Trait a les honneurs d'une visite épiscopale. Mgr de la Villerabel, nouvel archevêque de Rouen, vient bénir un autel et une statue du Sacré-Cœur. Les anciens combattants lui sont présentés au pied du monument. A leur tête, le commandant Pradeau, pacha de plusieurs sous-marins durant la Grande

---

[106] André Marie sera président du Conseil en 1948 et plusieurs fois ministre. Maire de Barentin, il sera aussi député jusqu'en 1962.

guerre. On visite bien sûr les chantiers, l'école ménagère. Puis le prélat porte ses pas à l'asile de Jumièges et l'"abbaye où il est reçu à l'abbaye par Mme Lepel-Cointet flanquée du nouveau maire, Sever Boutard[107]. La réélection de Jules Lefèbvre, radical-socialiste, a, en effet, été invalidée et son adjoint l'a démis de ses fonctions[108]. C'est pourtant ce maire qui avait reçu de la préfecture l'avis de décès du premier Poilu de sa commune. Et c'était son propre fils. Mais nous verrons plus loin que son honneur sera lavé.

Ce mois de juillet 1921 est marqué par l'incendie de la forêt du Trait provoqué par une étincelle de la locomotive. Poussé par un vent violent, il menaça le hameau des Monts et le manoir de Mustad, à Duclair, où l'on déménagea à la hâte le mobilier. Un détachement du Génie de Rouen vint encore prêter main forte aux secours déjà très nombreux.

Le monument de Quevillon

Le monument de Quevillon est inauguré le 17 juillet 1921. Tout commence par une messe de Requiem célébrée par le curée de Manneville, desservant de la paroisse. L'abbé Ouice bénit ensuite le monument pyramidal, œuvre de Duchauchoy.
Treize noms y sont gravés[109]. L'après-midi, les officiels sont reçus en mairie par M. Chefdeville et se rendent en cortège au cimetière. Président du comité, élu de Rouen, Louis Dubreuil est le premier à prendre la parole. Mutilé de guerre, c'est un homme qui a connu la vie des tranchées. Le monument étant remis à la municipalité, M. Chefdeville s'engage à y perpétrer le souvenir chaque année. Les orateurs se succèdent : MM. Fréret, l'instituteur, Georges Mure, un ancien de 70, Labregère, la voix de la Préfecture. Les écoliers chantent alors l'hymne aux morts de Victor Hugo. Puis c'est le dépôt de fleurs.
Deux mères de famille sont ce jour-là à l'honneur : Mme Dorange pour ses treize enfants, Mme Dupuis qui en a eu huit. La fanfare de

---
107 Maire de 1920 à 1933, son père l'avait été de 1890 à 1907.
108 Registres des délibérations du conseil de Jumièges. Jules Lefèbvre fut démis de ses fonctions en février 1920.
109 Louis Accard, Désiré Dureau, Louis Fillasse, Eugène Gainville, Charles Hérubel, François Jouen, Alphonse Martin, Henri Mirey, René Mirey, Jean Prévost, Victor Questel, Henri Quibel, Numa Tourant.

Canteleu entraîne ensuite le cortège vers la nouvelle école que l'on inaugure aussi aujourd'hui. Riquet, inspecteur primaire et Labregère prennent encore la parole. Deux enfants, Robert Luce et Geneviève Fréret, leur décernent qui un compliment, qui un bouquet de fleurs. Vin d'honneur, toasts, la pluie, qui a eu le bon goût de se retenir, peut maintenant tomber. La foule défile longuement devant l'école avant de se disperser.

(photo de droite : Alain Guyomard)

Visite présidentielle

Le 26 juillet 1921 eut lieu une visite présidentielle de Millerand au Havre et à Rouen. Il remonta la Seine à bord de l'Amiral-Sénès.

A cette occasion, les communes riveraines furent mises à contribution. Les notables, les écoliers se pressent sur les rives au passage du navire et les cloches sonnent à toute volée. Des hourras éclatent des chantiers du Trait, la grue de la centrale d'Yainville est pavoisée, on tire des salves d'artillerie au passage d'eau d'Heurteauville.

Les quais de Duclair sont noirs de monde et sur la rive de Berville est déployée une banderole : « Vive le président ». Au pied du phare de Ronceray, les écoliers de Quevillon chantent *La Marseillaise*. L'escorte maritime du Président passa sous les yeux des spectateurs quelque deux heures durant.

Des savants en goguette

Le 4 août 1921, le congrès de l'Association pour l'avancement des sciences traverse le canton en train. Elle déjeune dans trois hôtels duclairois puis visite les chantiers du Trait où Georges Majoux attend les congressistes. Puis ils repartent au rythme de la locomotive qui traverse lentement la cité ouvrière. On mesure alors l'étendue de cette ville-champigon qui révolutionne le paysage.

La noyade du Poilu

Qu'il fait chaud en ce mois d'août 1921. Si chaud qu'à La Fontaine, près du phare, Alphonse Genet, un journalier de Varengeville, s'élance dans une Seine rafraîchissante. Soudain, le passeur le voit se débattre. Tous les regards des passagers se portent vers le nageur en perdition, notamment ceux de son fils, âgé de 14 ans. Mais on pense à un plaisanterie. Navigant sur l'autre rive, M. Samson, de Duclair, lui, a tout compris. Faisant force rames, il dirige aussitôt sa barque vers Alphonse Genet. Trop tard[110], son corps a disparu. M. Louiset, un agriculteur de Boscherville, découvrira son cadavre une semaine plus tard.

Au Trait, août est tout aussi fatal à Roberto Marin. L'ouvrier espagnol boulonne les tôles d'un navire quand il tombe il chute de 6 mètres et se fracasse la tête. Roberto meurt deux heures plus tard, laissant cinq orphelins.

---

110 Ancien du 17e escadron du Train, Anthime Leboucher, en allant puiser de l'eau, connaîtra le même sort au Conihout du Mesnil en mars 1923.

Le monument d'Yainville

L'inauguration du monument d'Yainville eut lieu le dimanche 7 août 1921. Maurice Ringot est encore l'auteur de cette colonne d'une grande simplicité. Elle est ornée d'un écusson masquant un glaive. La médaille militaire et la Croix de guerre ornent cet emblème. A l'origine, la stèle devait être édifiée à l'emplacement d'une porte occultée de l'église.

Une stèle encore signée Maurice Ringot (photo : Laurent Quevilly).

Finalement, il fut décidé de l'implanter à l'extérieur du cimetière, en bordure de place. Durant les travaux, un des piliers soutenant la chaîne d'entourage fut décelé avant la prise complète du ciment et l'on dû procéder à des réparations. Quatorze noms y sont inscrits[111].

A 14h, un cortège se forme devant la mairie. Le maire, Athanase Leroy, accueille Henri Denise qui présidera la journée. De nombreux maires du canton son également là, dont celui de Duclair, le Dr Allard. Un élève de M. Samson ouvrira la marche en déployant le drapeau tricolore offert par Mme Raubiet, veuve de guerre. Les jeunes filles, toutes voilées de blanc, sont suivies de la fanfare de Duclair, les autorités, des démobilisés, les familles des disparus.

Tendue de drapeaux, l'église Saint-André est trop petite pour contenir tout le monde. A l'entrée du chœur, une tombe de sable, semblable à celles du front, est ornée d'épis de blé et d'une simple croix portant cette inscription : « *A un soldat inconnu* ». Curé du Trait, l'abbé Quilan débute les vêpres. Celui de Jumièges tient l'harmonium. Sermon patriotique de l'officiant, intermèdes musicaux, MM. Chéron et Colignon procèdent à la quête en compagnie de l'abbé Groult. Ici, les jeunes filles chanteront *Ils sont tombés au champ d'Honneur*. Vient la bénédiction du monument. Le maire procède à l'appel des morts et M. Colignon, grand blessé de guerre, lui répond. MM. Leroy, Denise et Chéron prononcèrent les discours, les enfants chantèrent et dirent des poésies. *La Marseillaise* ponctua la cérémonie et le cortège se reforma pour le vin d'honneur en mairie.

Le monument de Boscherville

Nous avons laissé voici quelque temps déjà la famille Mainberte quitter Yainville pour s'établir à Boscherville. Andréa, la Benjamine, a maintenant 9 ans et suit l'enseignement de Mlle Périer. Le dimanche 14 août 1921, portant une gerbe de fleurs, elle participe à l'inauguration du monument aux morts. Lors de la messe solennelle du matin, on entend les voix de Mlles Villette et Guiche dans une *Prière pour les morts*. Puis l'abbé Poisson exalte le sacrifice de ses dix-neuf paroissiens tombés au chant d'honneur[112].

---

111 Alexandre Beyer, Ernest Bruneau, Henri Bruneau, Maurice Colignon, Albert Dorléans, Henri Ernst, Auguste Grain, Joseph Lefèbvre, Georges Mauger, Alfred Quérel, Louis Raubiet, Émile Renard, Émile Vallet, Stanislas Wesolowski.
112 Gustave Allain, Charles Bruneau, Émile Bruno, René Carpentier, Émile

Après l'absoute, le curé bénit le monument. Érigé sur un terrain offert par M. Martel, il a été réalisé par Duboc, architecte rouennais et le sculpteur Deconihout. A l'avant de la haute stèle se dresse un coq gaulois campé sur un trophée d'armes et de drapeaux. L'après-midi a lieu l'inauguration civile. Le cortège des officiels quitte la mairie vers 15 h. En tête marche la musique du patronage de la Jeune garde de Canteleu et la société musicale de cette même commune dirigée par M. Taillis. Denise est toujours là, près de Labrégère, représentant la Préfecture et le lieutenant-colonel de la Gontrie, du 3e corps d'armée. Près du commandant Guéroult, chef des sapeurs-pompiers, le curé de la paroisse porte l'insigne de l'UNC.

Les écoliers de M. Coffre agitent de petits drapeaux, les écolières des fleurs. On arrive bientôt sur la place de l'abbaye et le cortège forme aussitôt un demi-cercle. Président du comité, titulaire de la Légion d'Honneur, le commandant Danger prend d'abord la parole pour remercier le donateur du terrain. Puis le capitaine Bardel, président de l'UNC, égrène la liste des morts. Grand mutilé de

---

Chandelier, Émile Delahaye, Marcel Grandsire, Alexandre Hiard, Eugène Jouen, Albert Lavenant, Charles Lavenant, Théodore Leblond, Eugène Lefrançois, Maurice Lemonnier, Henri Loursel, Raymond Morand, Robert Sénécal. On inscrivit aussi les deux vétérans de 70 : Albert Chandelier et Amable Lenfant.

guerre, médaillé militaire, M. Bourdon lui répond. Parmi les orateurs, on entendra le maire qui reprend cette citation de Foch à l'égard des régiments normands : *« Quand ils étaient là, j'étais tranquille... »* M. Bardel, quant à lui, apporte le salut des anciens combattants et la promesse du culte de la mémoire. *« Ce n'est plus dans les craies de la Champagne ni sous les rochers de Verdun, c'est sous l'arc de Triomphe que vous devez vous figurer aujourd'hui vos morts... »* Henri Denise prêche l'union sacrée. *« Après une pareille épreuve, la grande famille française doit rester unie à jamais. Union et travail, telle est notre devise ! »* Le représentant de l'Armée remet alors des récompenses posthumes aux familles des soldats Leblond et Carpentier, du sergent Delahaye. *« Écoliers, travailleurs,* conclut le représentant de *l'État, entendez la voix de ceux qui sont morts pour la Patrie. Il faut travailler maintenant pour la grandeur du pays et l'affermissement de la Paix ! »*

Les jeunes gens de Boscherville ont eu la délicatesse d'acheter une palme. Ils la déposent au pied du monument tandis que Jean-Guéroult, le fils du capitaine, exprime les sentiments qu'inspirent les Poilus à la jeunesse. Une gracieuse écolière puis un jeune garçon récitent un *Salut aux morts*. Un chœur enfantin chante *La Marseillaise* tandis que des jeunes filles déposent des fleurs sur les marches du monument. Au vin d'honneur, on lève son verre à la santé du Président de la République.

Ce même dimanche 14 août, une régate eut lieu entre Rouen et Duclair. Il n'y en avait plus depuis 1914...

L'éclosion des corsos fleuris

Le 21 août 1921, la fête des fleurs à Duclair préfigure les grands corsos fleuris qui déplaceront les foules jusqu'aux années 60 dans le canton. Deux trains spéciaux et un bac supplémentaires sont prévus pour cette journée que vient arroser une pluie heureuse. Le programme ? Concours de pêche le matin animé par la musique de Goderville[113]. Grand cortège fleuri l'après-midi avec son concours de véhicules et bicyclettes décorées. Parmi les invités : un groupe d'artistes du Bouchon du Trait dirigés par M. Rure. Le soir, on

---
113 La fête des fleurs eut MM. Guérin pour président et Chédru pour secrétaire.

jugeait les plus belles façades illuminées avant le bal et le feu d'artifices.

A quoi jouent les enfants

Quelques jours plus tard, la Saint-Louis d'Yville eut bien-sûr des proportions plus modestes avec la course cycliste des garçons et le jeu de ciseau pour les filles. On bandait les yeux de ces demoiselles, on les faisait tourner plusieurs fois sur elles-mêmes, après quoi, elles devaient tenter de couper à l'aide d'un ciseau l'un des cadeaux suspendus à un fil et alignés sous une barre.

Au fait, à quoi jouent les enfants de l'âge de la petite Andréa ? Les filles plutôt à la marelle, les garçons à la *plaque.* Tous les joueurs empilent des pièces de monnaie sur un morceau de liège que l'on désigne sous le nom de *butte.* Un cochonnet en quelque sorte. Puis chacun lance sa plaque de plomb et empoche les sous tombés le plus près d'elle. Les autres retournent sur la butte.

Un enfant de Duclair et ses jouets photographié par Deschamps.

A la Sainte-Madeleine d'Yainville, un jeu très prisé des enfants est le mât de Cocagne. Celui-ci est enduit de savon mou et il vous faut aller décrocher un saucisson. La course à la grenouille se dispute quant à elle avec des brouettes dans lesquelles sont placés des batraciens vivants.

Le commerce libre des céréales de toutes natures fut rétabli. Début septembre, au marché de Duclair, la halle aux grains rouvrit ses grilles et les agriculteurs purent y vendre comme avant-guerre leurs sacs de blé, seigle et avoine. La profession s'organisait. Directeur de la coopérative agricole de Haute-Normandie, M. Vimont vint faire une conférence sur les engrais appropriés en vue de la campagne d'automne.

La foire de Saint-Gorgon

Le 9 septembre 1921, à la chapelle du Génetay, c'est à nouveau le pèlerinage en l'honneur de saint Gorgon[114]. Une fête jadis très fréquentée par les Rouennais et relancée en 1825 par le maire de Boscherville. A quelques mètres d'un manoir qui passe pour avoir appartenu aux Templiers, la chapelle du Génetay est décorée de peintures restaurées cinquante ans plus tôt. On y voit les figures de saint Georges et un saint Martin à cheval, des images d'apôtres, de prophètes et des douze sibylles sous lesquelles sont les prophéties qui leur sont attribuées. Mais désormais, la foire de Saint-Gorgon ne se résume plus qu'à une messe matinale et la récitation des Évangiles.

L'hommage aux musiciens

Financer le monument de Duclair est encore loin d'être acquis. Alors, tous les moyens sont bons. On fait une grand messe à la mémoire des membres de la fanfare morts pour la France. La Scola paroissiale et ses solistes prêtent leur concours. « *O chers enfants de Duclair,* s'écrie en chaire le curé-doyen, *vaillants défenseurs de notre pays, c'est pour la plus noble des causes que vous êtes tombés.* » On entendra le barython d'André Philippe, la clarinette d'André Halay, l'orgue d'Henri Duclos. Puis Mmes Ménielle et Dupont feront la quête en parfaites épouses de présidents.

Le feu, toujours le feu...

Au Pont-des-Vieux, l'usine Delaporte a changé de mains. Depuis

---

114 Gorgon, martyr à Nicodémie en 370, est également fêté à Villers-Ecalles.

1918, la société des filatures Saint-Sever, de Rouen, est devenue maître des lieux. C'est une filiale des établissements Frémaux dont le siège social est à Lille. M. et Mme Frémaux vont du reste séjourner dans la propriété de la Beuvrière, dans la côte du Paulu, équipée d'une piscine. Pierre Van Den Bosch a reçu la mission de relancer la filature du Paulu. D'origine belge, il a dirigé deux manufactures dans le Nord. Son fils est mort en 1917 aux commandes du dirigeable *Pilatre-de-Rozier* qui s'écrasa à Voellerdigen avec tout son équipage.

Un jour de septembre 1921, une chaumière proche de la filature s'embrase. Elle est habitée par les époux Hautot et la veuve Ercelin. Les ouvriers de Van den Bosch usent de leur pompe mais ne peuvent sauver le mobilier des Hautot et les 110 quintaux de foin apparentant à M. Tocqueville.

A coups de rasoirs

La cohabitation avec les étrangers donne lieu à des dérapages. Un dimanche de septembre, à la fête de Villers-Ecalles, un jeune ouvrier de Barentin s'en prend à deux Espagnols qu'il agresse à coups de rasoir à la sortie du café Petit. Jimenez se retrouve avec une profonde balafre de l'oreille au menton. Martinez, son compagnon, maîtrise l'agresseur. Alexandre Lefèbvre écopera de six mois de prison.

Le monument de Duclair

Octobre 1921 ramène à Duclair la fête de la fanfare et des pompiers mais aussi la foire Saint-Denis. Au profit du monument, les anciens combattants organisent encore un concert dans la salle de MM. Lorentzen et Gutzel, route de Caudebec. Voilà huit ans qu'aucun concert n'a eu lieu dans le chef-lieu. Alors, la clique est de service comme aux beaux jours. Mais on a invité aussi une chanteuse légère des grands concerts de Normandie, Marguerite David et quelques autres têtes d'affiche[115]. Mlle Jacquette lui offrit des fleurs tandis que l'on comptait 557 F en caisse. On pouvait enfin inaugurer le monument du chef-lieu...

---

115 Le ténor Noël ; Marietty, chanteur de genre ; Paul Delly, comique accompagnés au piano par M. David.

Le matin du 23 octobre 1921, à 9 h 30, Mme Chéron offre un drapeau à la section. La messe sera célébrée par le supérieur de l'Institution Saint-Romain, le chanoine Herly, assisté de l'abbé Jean Delamare, un professeur décoré de la Croix de guerre qui retourne l'assistance par ses propos.

Il est déjà 14 h quand un cortège se forme devant la mairie. Le préfet, le sénateur de Pomereu, le député Maillard, on ne compte pas la foule de personnalités et d'anciens combattants de la région. La fanfare mène son monde à la pyramide où son gravés les noms de 71 Duclairois tombés au champ d'honneur[116]. Elle est surmontée

---

[116] Henri Aubé, Victor Barbey, Louis Baville, Robert Beaudelin, René Bellet, Léon Bénard, Alphonse Bersoult, Léon Biard, Edmond Boudin, Jean Chavigne, Léon Coignard, Ernest Contremoulin, Georges Contremoulin, Émile Crevel, Édouard Decharvois, André Delahaye, Eugène Delépine, Clodomir Delesque, Lucien Delesques, Émile Demarest, Henry Doke, Lucien Dubreuil, Charles Dufour, Édouard Dufour, Prosper Emerald, Maurice Folie, Georges Gauchet, Albert Glatigny, Albert Godalier, Alphonse Grouet, Michel Guilbert, Raymond Harre, Albert Hauchecorne, Henri Hauchecorne, Auguste Hébert, Eugène Herment, Henri Herment, Maurice Heurteault, Albert Lainé, Arthur Landrin, Eugène Landrin, Maurice Langlois, Désir Lebourg, Raymond Lebourg, Édouard Lecoq, Ernest Lecordier, Georges Lécuyer, Eugène Lefèbvre, Fortuné Lefèbvre, Maurice Lefèbvre, Georges Lefèbvre, Hubert Lemoine, Louis Lenoir, Émile Lepage, Émile Levasseur, Émile Levillain, Eugène Lostie de Kerhor, Albert Marchand, Ismaël Marchand, Alfred Martel, Marius Martel, Paul Michel, Auguste Pallu,

du coq gaulois. Sur la face principale, un Poilu très crâne se campe dans sa tenue de combat et son regard laisse deviner une leçon d'héroïsme.

L'architecte Jules Duboc est l'auteur de cette œuvre réalisée par les sculpteurs Guilloux et Rose. La fanfare exécute *La Marseillaise* puis accompagne un chœur d'écoliers qui interprètent une composition de M. Vilette.

Vient le moment où De Heyn, président du comité, remet officiellement le monument à la municipalité. Après quoi, tandis que les enfants déposent des fleurs, M. Dubuc énonce le nom des morts et M. Louet lui répond « *Mort pour la France*[117] ! »

A l'heure des discours, le Dr Allard va rappeler l'émotion de son prédécesseur, Henri Denise, quand celui-ci s'en allait annoncer aux familles la cruelle nouvelle. Puis il exalte la religion de la Patrie *« qui, certes a ses hérétiques, mais rassemble la majorité au-delà des opinions politiques ou spirituelles. »* D'autres orateurs se succèdent avec les mêmes accents patriotiques : le capitaine Merle du Bourg, président des anciens combattants, le commandant

---

Paul Pallu, Joseph Panthou, René Poissant, Henri Ponty, Raymond Pouette, Émile Prévost, Lucien Rinquin, Charles Romain, Arsène Salva, Lucien Taclet.

117 Quatre noms ont été omis : Charles Burel, Charles Bruneau, Adolphe Decharroix, Léon Delépine.

Danger, vétéran de 70. Henri Denise, lui, a bien connu tous ceux dont on pleure aujourd'hui la mort. Il leur apporte son admiration et sa reconnaissance en concluant : *« Soyons unis dans la vie comme nous sommes unis dans le culte des morts. »*

Le député Maillard se fait ensuite prophétique en dénonçant des vaincus qui méditent leur revanche. On entendra encore M. Pomereu, le préfet Lallemand dont la première sortie, voici trois ans, avait été pour le canton de Duclair. Il se souvient de la confiance de chacun aux heures les plus sombres de la guerre, notamment face aux difficultés de ravitaillement. *« Ici, nous avons*

un exemple de l'union de tous les citoyens. Les différentes manières de voir dans une famille n'empêchent pas que les frères soient frères. Ainsi dans notre Patrie... » Tandis qu'est servi le vin d'honneur, la foule défile devant le monument.

La bravoure du Poilu

Heurteauville est en deuil en cet automne 1921. Des enfants jouaient dans une prairie. Quand le petit Prévost, 10 ans, tombe dans la Seine. Tous ses camarades se dispersent comme une volée d'étourneaux sans donner l'alerte. Mais M. Adam, l'instituteur, a entendu les cris de l'enfant. Blessé de guerre, le bras flasque, épuisé par une longue course à bicyclette, il n'hésite pas à se jeter à l'eau. En vain. Le corps de René-André Prévost sera retrouvé à Barneville.

Ces figures de Boscherville

Dans cette France d'après-guerre, nombre d'églises ont conservé leur Suisse. Celui de Boscherville a les traits de Georges Menant. Lui aussi a été mobilisé au sein du 21e RIT mais détaché chez Mustad. Ses attributs sont l'épée, la pertuisane et la canne à pommeau. Le Suisse garde l'église et précède le clergé dans les cérémonies. En 1921, Georges Menant côtoie dans sa paroisse un sacré personnage. Voilà maintenant plus de quarante ans qu'Édouard Picot assure les fonctions de fossoyeur et de sacristain mais aussi de cicérone de l'abbaye. C'est donc l'alter ego de M. Détienne à Jumièges. On réclame pour lui une distinction. En attendant, c'est Georges Robert qui reçoit du pape Benoît XV la Croix de chevalier de l'ordre de saint Grégoire le Grand. A Villers-Ecalles, les anciens combattants, mutilés, veuves et orphelins de guerre sont maintenant 45 au sein de leur section animée par M. Désannaux.

Le 11 Novembre de 1921

A Boscherville, comme ailleurs, le 11 Novembre de 1921 est marqué par une messe du souvenir suivie d'un cortège jusqu'au monument. A Yville, la cérémonie se double de l'installation officielle de la section des anciens combattants.

Tout commence le matin par un roulement de tambour qui regroupe les démobilisés dans la cour de la mairie autour d'un drapeau offert par les femmes de la commune. Il est porté par Duclos, le doyen des vétérans de 70. Devenu maire d'Yville, le comte de Malartic a revêtu son uniforme de lieutenant de dragons pour accrocher la médaille militaire sur la poitrine du soldat Brion, grand mutilé de guerre. Fleurissement du monument, bénédiction du drapeau, messe solennelle, banquet... On n'en restera pas là. Toutain, le vice-président départemental de l'UNC, viendra donner une conférence dans quelques jours..

Georges Menant, le Suisse de l'abbaye Saint-Georges

A Varengeville, décalé d'un jour, le 11 Novembre n'est pas avare en fleurs et couronnes[118]. Ici, des jeunes filles en profitent pour

---
118 Au pied du monument, Quibel présidait les vétérans, Baron les anciens élèves, Dieusy et Angrand les anciens combattants.

quêter en faveur d'une caisse de secours immédiats aux anciens combattants.

Le monument de Jumièges

Le lendemain, 13 novembre, inauguration du monument de Jumièges. L'abbé Joseph Groult et la société Worms, représentée par ses cadres, se sont chargés de la décoration de l'église où va officier l'abbé Wagner, chanoine honoraire, curé de Sain-Paul de Rouen.

Aumônier des Petites-Sœurs des Pauvres, l'abbé Gilles prononce l'allocution. Des paroissiens de tous âges donnent alors quelques chants et la fanfare de Duclair ses premiers morceaux de la journée. Avant l'absoute, on procède à la bénédiction du drapeau offert par les femmes de la commune. Puis le clergé, suivi des élus, se rend au monument pour le bénir à son tour.

Le monument est entouré ici de couronnes. Il sera compléter très vite par une petite esplanade.

A 13 h, le cortège se forme, place de la mairie. Mlle Brouty, qui a perdu son fiancé à la guerre, remet alors à M. Lacaille le drapeau béni le matin même. La médaille militaire est décernée à M. Leclerc par M. Roux, vice-président du conseil de Préfecture. Puis le secrétaire de mairie, M. Piolé, forme le cortège. Ce sont d'abord les écoliers et leurs enseignants, Mlle Tallon et Godefroy, M. Piolé. Suivent les pompiers menés par le lieutenant Lambert, la délégation des communes voisines, les élus...

Maurice Ringot a encore signé ce monument représentant un Poilu fièrement campé dans sa guérite, portant un drapeau avec un rameau d'olivier et foulant du pied un casque allemand. Sur le socle sont gravés ces mots : *Souviens-toi* et *A nos morts*. Ils sont 43, inscrits sur les faces du monument[119].

Des fillettes récitent une poésie et Jules Lefèbvre, président du comité, remet le monument à la municipalité, remercie les souscripteurs et vante à cet effet la notion d'union sacrée. Un thème que développeront les orateurs : Sever Boutard, le maire, Henri Denise, le député Maillard, M. Roux, le représentant de l'État. Leurs discours sont entrecoupés par l'appel des disparus martelé par le lieutenant Lambert et le « Mort au champ d'honneur » répété en écho par Marcel Prévost. L'immortel *Ceux qui pieusement*, de Victor Hugo, est encore chanté par les écoliers. Une *Marseillaise* ponctue le dépôt de gerbes. Au vin d'honneur, des toasts sont portés au redressement national et l'avenir de la France.

La légende du monument

Le monument de Jumièges entrera dans la légende. Le pied droit du poilu représenté par Ringot reposait, nous assure le *Journal de Rouen*, sur une casque allemand en signe de victoire. Avec l'arrivée des représentants du IIIe Reich en juin 40, ce couvre-chef humilié aurait été transformé à la hâte en une sorte de coussin pour ne pas froisser la susceptibilité de l'Occupant[120]. Reste que sur les images

---

119 Victor Barbey, Adrien Bien, Lucien Bien, Maurice Bonnamy, Louis Bultey, GasTon Cadinot, Louis Cadinot, Raymond Cadinot, Arthur Charlet, Célestin Cuffel, Albert Deconihout, Henri Deconihout, Charles Deshayes, Raoul Dubos, Gaston Gosse, Réné Huet, André Landrin, René Landrin, Louis Lannier, Léon Lefèbvre, Paul Lemercier, Georges Littré, André Martel, Marcel Martin, Henri Neveu, Louis Neveu, Cyrille Pillon, Jules Plichon, Arthur Ponty, Gaston Ponty, Alfred Portail, Charles Prévost, Louis Prévost, Albert Prunier, Victor Renard, René Schmit, Albert Senard, Théophile Thuillier, Georges Vatey, Louis Vauquelin, Louis Vestu, Claude Ybert.
120 Cette anecdote nous a été certifiée par Roland Cadinot, agriculteur qui a fait les beaux soirs de l'émission d'André Voisin, « Les conteurs »...

des années 1920, il est est bien difficile de reconnaître un casque à pointe : il n'y a pas de pointe ! Sur celles des années 50, on constate cependant que la pierre a bien été modifiée...

Le monument de Jumièges avant et après l'arrivée des Allemands en 40.

On notera qu'une plaque commémorative est également vissée à l'intérieur de l'église. Elle présente des différences quant à deux prénoms et un nom. Enfin Jumièges a son soldat inconnu : Marcel Martin. Sa fiche de matricule militaire est introuvable et aucun acte d'état civil ne concerne ce patronyme pourtant usité dans la presqu'île gémétique.

Le premier lancement au Trait

Le 29 novembre 1921 est une date historique. Celle du premier lancement de navire au Trait. Il s'agit du charbonnier *Capitaine Bonelli*, du port de 4 700 tonnes. C'est une commande de l'État qui porte en tout sur quatre navires du même gabarit. Les invités arrivent en train sous un ciel gris nimbé de brume. En tête : Alphonse Rio, sous-secrétaire d'État à la Marine marchande. Ancien gabier, ce Breton a gravi tous les échelons de la profession et s'est engagé en 1914 dans la guerre sous-marine. Venue de tous les villages environnants, la foule est immense. Il est un peu plus de midi et demi quand Hippolyte Worms tend au ministre la hachette qui coupera le filin retenant encore le navire. Sur ses glissières, durant deux minutes qui semblent une éternité, le charbonnier semble immobile. C'est que le suif est gelé. Mais il va partir... Il est parti ! Il accélère maintenant, sa sirène siffle quand il baigne enfin dans le fleuve. Le temps de virer court, sa fière silhouette, bien droite, met déjà le cap sur Le Havre. Dans les cinquante années qui viennent, 200 navires seront lancés par les ACSM.

Le Capitaine Bonelli, *premier navire lancé au Trait..*

Redresser le pays

Le redressement du pays, il est suivi de près par une commission cantonale des statistiques agricoles qui évalue la production de blé, seigle, avoine. En décembre 1921, elle constate un rendement de la pomme de terre très inégal. Médiocre à Boscherville où les terrains sont siliceux, excellent à Heurteauville sur les terres d'alluvions.
Le redressement, c'est encore l'éducation populaire promulguée par un service départemental. Son représentant vient dans une classe de Varengeville animer un samedi soir une causerie sur le sport. Directeur des services agricoles, M. Labounoux lui succède pour parler d'un tout autre sujet : la fabrication du cidre. Des films de propagande, de commentaires, des comédies sont alors projetés. Le lendemain, l'amicale des ancien élèves décerne les prix de son concours de tir et M. Quevaine, le fondateur, explique les buts d'une telle société. Celle-ci aura un rôle très actif. On la verra mener la jeunesse varengevillaise dans les musées de Rouen avec l'aide des camions de l'entreprise Leurent & Frémaux.
Toujours en décembre 1921, il y eut un fait-divers insolite à Saint-Marguerite où un porc fut saigné et emporté sur la propriété de M. Damandé. Il pesait son quintal. Duclair fêta la Sainte-Cécile, patronne des musiciens par une messe et banquet à l'hôtel de la

Poste, le tout agrémenté d'aubades. Mais l'événement majeur du mois, ce fut la venue du vapeur *Célimène*. En faisant escale à Duclair, il inaugurait une ligne Rouen-Alger. Arrivé à midi, il déversa 70 convives à l'hôtel de la Poste où des toasts furent portés à la marine marchande. Après quoi, des automobiles menèrent nos capitaines d'industrie aux chantiers du Trait. Le *Célimène* reprit la route du Havre pour nous conduire tout droit à 1922.

Photo de la page suivante : l'école d'Heurteauville en 1921 (Coll. Josiane et Jean-Yves Marchand).
1er rang, assis de gauche a droite : Sever Saussay (3e) ; René Léguillon (4e) ; Marcellus Lefèbvre (7e). 2e rang : Odette Honoré (3e) ; Irène Van Douverden (4e) ; Olympe Persil (5e), Renée Salmon (6e), Charles Christophe (9e). 3e rang : Geneviève Lepagnol (1ère) ; Juliette Germaine Christophe (3e) ; Charlotte Duonor (4e) ; Messier (6e) ; Raymond Gallien (8e), Irène Adam (10e sur la chaise). 4e rang : Marie-Louise Messier (2e), Marius Grain (4e) ; Salmon (5e) ; Gopois (6e), Monsieur Adam (l'instituteur qui tenta de sauver le petit Prévost).

11
Entre mémoire et oubli

Janvier 1922. Toutes, absolument toutes les communes du canton viennent en aide à trois communes de l'Oise : Connectancourt, Biermont, La Neuville-sur-Ressons. Ce sont les filleules du Pays de Duclair. Une souscription rassemble plus de 5000 F et René Dieusy, le maire de Varengeville, y ajoute 500 F. Seulement, les maires de ces localités sinistrées souhaitaient plutôt une aide matérielle. La première voulait du linge, la seconde des couverts, la troisième des pommiers à cidre. Après délibération, nos maires décident de satisfaire tous ces besoins.

La veuve expulsée

Mais charité bien ordonnée commence par soi-même. Et la commune d'Anneville semble faire une entorse au principe au point d'essuyer un article vengeur de *L'Humanité*. Pour loyer impayé, une veuve de guerre est expulsée. Elle a 42 ans et cinq enfants en bas-âge. Le maire, Jacques Darcel, est accusé de n'avoir pas assisté la chose. Pire : il n'a pas songé à reloger cette famille éprouvée. L'information n'est pas donnée par la presse locale. Comment remonte-t-elle à Paris ? Anneville a un sympathisant communiste très actif en la personne de Lemarchand...

Les faits-divers

Encore un employé Worms victime d'un accident du travail. En janvier 1922, Octave Hélin, 18 ans, natif d'Epinay, décède à l'Hôtel-Dieu de Rouen. Des drames, il y en aura encore bien d'autres aux ACSM[121]. Dans le même temps, deux de ses ouvriers sont placés en garde à vue. On les soupçonne d'un vol d'argent au dortoir de

---
121 Avril 1923 : décès de Romain Léon.

l'entreprise Terrasini. Toujours au Trait, le libraire Laurent se fera dérober quant à lui foule de livres. Méfions-nous aussi des trafiquants d'or. A Heurteauville, la veuve Feuillye, 82 ans, reçoit un jour la visite d'un homme des environs qui lui propose d'échanger les louis qu'elle possède contre des billets de banque, arguant que l'or va bientôt déprécier. Alertée, la gendarmerie enquête...

Février 1922 voit la dissolution du comité du monument aux morts de Boscherville. Il clôturait son exercice sur une opération blanche, le total de ses recettes égalant les frais d'érection[122]. Un livre d'or avec l'historique et la liste des souscripteurs alla rejoindre les archives municipales.

En mars 1922 fut approuvée l'idée de créer à Duclair une salle des fêtes et d'en confier le projet à une société privée. Présidé par Guérin, le comité commercial envisageait pour sa part de développer les régates par de nouvelles attractions.

En attendant son monument, Villers-Ecalles inaugura le 26 mars 1922 des plaques commémoratives à la mémoire de ses Poilus morts au combats. Elles furent vissées dans le chœur de l'église. Le matin eut lieu une grand messe célébrée par le chanoine Letendre, secrétaire général de l'évêché. L'après-midi, l'abbé Bonet, curé de Saint-Ouen, présida les vêpres et les plaques furent bénies. Eliot, l'organiste de Barentin, accompagnait les jeunes voix de la paroisse.

Marché mouvementé

Et revoici la foire de Pâques, à Duclair. Avec son commerce de bestiaux, ses attractions foraines, le grand bal en soirée sous la baguette de Marcel Pellerin, le fils de Louis[123]. Le lendemain, il est 9h du matin quand un paysan de Barentin, M. Cardin, vient chercher un manège avec plusieurs chevaux. Ses deux domestiques l'emportent, Cardin, lui, se charge de la loge du forain. En sortant du bourg, son cheval s'emballe, dévale la rue des Moulins... Cardin ne peut contrôler l'animal et le convoi s'encastre dans la vitrine du marchand de chaussures, M. Petit. Par miracle, il n'y a aucun bles-

---

[122] Le budget s'équilibrait pile à 14 511 F et 15 centimes.
[123] Alors qu'il dirigeait la fanfare depuis 26 ans, Louis Pellerin fut promu à cette époque officier d'Académie en compagnie de Charles De Heyn, présent dans plusieurs sociétés duclairoises depuis 20 ans.

sé. Ce ne sera pas le cas de Mme Paris, agricultrice de Saint-Paër, qui, se rendant à Duclair avec son fils, voit elle aussi son cheval ruer dans les brancards et renverser sa voiture. Elle s'en tire avec les deux bras cassés.

Les anciens et les nouveaux

Au Trait, les anciens militaires avaient leur caisse de secours. Pour l'alimenter, ils organisaient des concerts auxquels le club artistique prêtait son concours. On entendait ainsi Mlles Lootvoët et Vince, MM. Déhais et Rure-Elleboode chanter *L'amour est un bouquet de violettes*, accompagnés par Mme Lefèbvre, la professeur de piano. Et quand partirent les jeunes conscrits de la classe 22, le 7 mai, une messe leur fut dédiée. Des ecclésiastiques et artistes rouennais vinrent prêter leur concours à cette cérémonie durant laquelle fut bénie une statue de Jeanne d'Arc. Celle-ci surplombera désormais un autel dédié aux soldats.

En ce mois de mai 1922, Yainville change de maire. A Athanase Leroy succède Émile Carpentier, le tenant du manoir de l'église. Il aura Auguste Fessard pour adjoint. Signe des temps, ce seront les tout derniers paysans à la tête de la commune. Carpentier n'est pas seulement maire, il est aussi chantre à l'église. Et quand la messe est terminée, on le voit disputer d'interminables parties de dominos au café d'en face...

En juin 1922, à Heurteauville, Mme Guérin, l'épouse du maire, remet un drapeau aux anciens combattants. Le curé Dumesnil viendra de La Mailleraye pour le bénir.

Drame en gare de Duclair

Tout le canton célébrait ses lauréats au certificat d'études[124]. Quand, le jeudi 29 juin 1922, un terrible accident va se dérouler en gare de Duclair. Il est 7 h du matin. Deux trains s'arrêtent. De celui de

---

124 Les instituteurs du canton sont alors M. Colart (Anneville) ; M. Hermier et Mlle Paimblans (Duclair) ; M. Adam (Heurteauville) ; MM. Dumesnil (Varengeville) ; Mlle Talbou (Jumièges) ; M. Fréret (Quevillon) ; M. Béville (Sainte-Marguerite) ; M. Coffre et Mlle Périer (Boscherville) ; Mlle Godefroy (Le Conihout de Jumièges) ; Samson (Yainville) ; Mme Arson (Yville) ; Mme Frutel (Villers-Ecalles) ; Mlle Roger (Villers-Ecalles Vallée) ; M . Mouquet et Mme Ferrand (Le Trait) ; Mlle Rillet (Hénouville), etc.

Barentin descend Léon Auvray venu rendre visite à des amis de Duclair. Employé des chemins de fer de l'État à Sotteville, il connaît le mécanicien de la locomotive qui vient d'arriver de Caudebec. Avec le pas assuré du professionnel, Auvray traverse la voie pour aller le saluer. Mais le convoi vers lequel il se dirige est déjà en marche. Le quinquagénaire est happé par la machine et jeté à 200 mètres de là au premier passage à niveau. M. Guest, un employé, se précipite vers la victime. Une jambe arrachée, blessé à la tête, Auvray perd son sang en abondance. Le Dr Chatel fera transférer le malheureux cheminot à l'Hôtel-Dieu de Rouen. Mais il meurt durant le transfert en laissant huit enfants.

La gare de Duclair. Quand le train n'a que 25 minutes de retard, on dit qu'il est en avance sur l'horaire prévu...

Le 14 Juillet 1922

La fibre patriotique ne se délite pas. Le 14 Juillet 1922 sera encore grandiose. La veille au soir, la fanfare et les pompiers de Duclair savent mener une retraite aux flambeaux. Le lendemain, on défile encore, on passe en revue tout ce qui porte un uniforme, on fait honneur à la cuisine de M. Gabriel, le patron du Chariot d'Or. Les discours d'Allard et Denise, *La Marseillaise* clôturent ce banquet en mairie avant le concours de tir où se distinguent les Pellerin père et fils. La course cycliste est remportée par René

Dubuc suivi de Marcel Pellerin, décidément aussi bon sportif que musicien. Louis, son père, n'en finit pas de recevoir des hommages et des fleurs. C'est encore le cas lors d'une aubade en fin de journée. Sous les halles, le bal a maintenant ceci de particulier, c'est qu'il est éclairé par un courant venant d'Yainville[125]. On danse jusqu'à minuit...

A Berville, la médaille militaire et la Croix de guerre sont remises à titre posthume à la famille du matelot Abraham Billard. Il se trouvait à bord du vapeur *Aline-Montreuil*, coulé le 21 septembre 1917 par un sous-marin allemand alors qu'il se rendait de Rouen à Swansee. Sur les 31 hommes d'équipage, il y eut 24 disparus. Réfugiés sur un radeau, les sept rescapés avaient entendus, impuissants, les appels au secours de leurs camarades.

Le comité départemental d'éducation populaire poursuit sa croisade par des conférences sur l'hygiène du foyer et la prévention de la tuberculose. Elles sont données tantôt par Henri Bultel, tantôt Marcel Coulon. On les applaudit à Sainte-Marguerite ou encore dans la salle capitulaire de l'abbaye de Boscherville.

Le monument d'Hénouville

Des fermes éparpillées le long de chemins ombragés, de grands vergers accrochés à des coteaux verdoyant, Hénouville semble couler ses jours dans l'isolement et les travaux des champs. Une conscience collective se manifeste cependant un jour comme celui-ci. Le 27 août 1922 est inauguré le monument d'Hénouville.

L'abbé Oursel célèbre la messe du matin puis le chanoine Agasse bénit le monument avec le concours de la musique de Notre-Dame-de Bondeville. C'est l'après-midi qu'à lieu l'inauguration proprement dite de cette stèle surmontée d'un coq gaulois. Au nom du comité, Mme Darcel, épouse du maire, le remet à la municipalité non sans évoquer la mémoire de Mme Derivery qui aura quêté avec elle les fonds. De tous les orateurs qui se succèdent[126], Labregère, le représentant de l'État, est le plus

---

125 Les abonnés duclairois protesteront cependant contre les 20F réclamés par la SHEE pour la pose d'un compteur.
126 Les orateurs furent le maire, M. Darcel, Georges Lozay, président des anciens combattants, le capitaine Danger, vétéran de 70. On entendra encore Denise, Maillard...

applaudi quand il condamne ces *« ennemis du dedans qui tentent de semer le désordre et la haine. »* Pelfrène fait l'appel des morts. Ils sont 14[127].

Des poèmes fusent de la bouche de Mlles Coquel, Conseil et

---

127 Clément Aubin, Charles Danet, Charles Darcel, Isidore Delabarre, Jules Delafenêtre, Marcel Delafenêtre, Robert Delafenêtre, Eugène Delamare, André Laugeois, Marius Lefrançois, Rémy Legendre, Maurice Liebray, René Lozay, Albert Petit.

Prunier. Même Émile Pelfrène déclame des vers dédiés aux enfants d'Hénouville morts pour la France. Ces poèmes rappellent que Corneille venait jadis ici rendre visite à son grand ami, l'abbé Legendre. Là, à deux pas de l'église, on montre encore son vieux logis.
En fin de cérémonie, le capitaine Taver, représentant de l'Armée, remet à Mlle Delamarre la médaille militaire que son père, caporal d'infanterie, a mérité devant Verdun.

Le monument de Mauny

La plus petite commune du canton inaugure son monument aux morts le 17 septembre 1922. On fait appel à la musique de Bourg-Achard dirigée par M. Erkelbout.. Shéma habituel : messe, bénédiction, inauguration, vin d'honneur.

Le monument de Mauny (Photo : Laurent Quevilly).

C'est le curé d'Yville, l'abbé Thilard, qui célèbre en compagnie de son frère, professeur de sciences à l'école de Mesnières. Une fois le monument béni, le soleil brille soudain pour éclairer la pyramide blanche où cinq noms sont gravés[128] Il est 15 h 30 quand le maire, Maurice Dupuis, lui-même ancien combattant, accueille autorités et invités. Les drapeau de l'UNC d'Yville et de la Société caumonaise du Souvenir ouvrent la marche, suivis des écoliers, de nombreux maires des environs. Le terrain où a été implanté le monument a été offert par le duc de Noailles, habitant le château tout proche. Fleurs et couronnes abondent. La sonnerie *Au drapeau* retentit et c'est l'appel aux morts. Dupuis prend la parole, puis Malartic, Vallée, l'instituteur de Caumont, Henri Denise... On joue *La Marseillaise* puis *La marche funèbre* de Chopin. Une quête est alors faite par Mme Herselin, secondée par De Heyn. Née Dupuis, Mme Herselin produit alors avec son mari le fameux Bouille, fromage qui fait les délices des Rouennais, le dimanche, sur les quais de la commune natale d'Hector Malot.

A la Saint-Michel...

Le 1er octobre 1922 fut fêtée la Saint-Michel, à Jumièges, devant le café de M. Boutard. Une fête de plus, semblable aux autres : jeux divers, courses cyclistes, bal public. On fêtait aussi ce saint à Bardouville avec, en prime, l'embrasement de la place de la mairie. Au calendrier des fêtes de l'après-guerre, on trouve également la Sainte-Cécile, patronne des musiciens. Elle est célébrée à Duclair mais aussi au Trait où fonctionnent les deux fanfares du canton.

A Saint-Paër, les élèves de Mlles Avril et Aublanc confectionnent alors es objets dont la vente ira au profit des pupilles de l'école publique. Le 22 octobre 1922, à Boscheville, on procède à la bénédiction d'un second monument aux morts situé dans le cimetière. Ainsi cette commune a-t-elle la particularité d'avoir érigé deux monuments quand trois communes du canton se contentées d'une simple plaque commémorative.

Le 11 Novembre 1922

Dans la presqu'île de Jumièges, les anciens combattants s'organisaient à leur tour. Une poignée d'entre invita d'abord M. Lenormand, vice-président de la fédération départementale. Son

---

128 Jules Cabin, Victor Clépoint, Eugène Duforestel, Désiré Ellien, Delphin Legras.

association réunissait alors 22 000 adhérents en Seine-Inférieure. Jumièges et Yainville vont bientôt fonder une société commune présidée par René Edde[129]. Son trésorier est Pierre Chéron, de Yainville. C'est cet homme qui s'est opposé au placement des orphelins Mainberte à l'Assistance. Engagé volontaire comme canonnier dans la guerre d'Annam puis douanier, Pierre Chéron a été mobilisé dans l'artillerie en septembre 1914. Mais c'est aussi un poète. On lui doit plusieurs textes sur les beautés du pays...

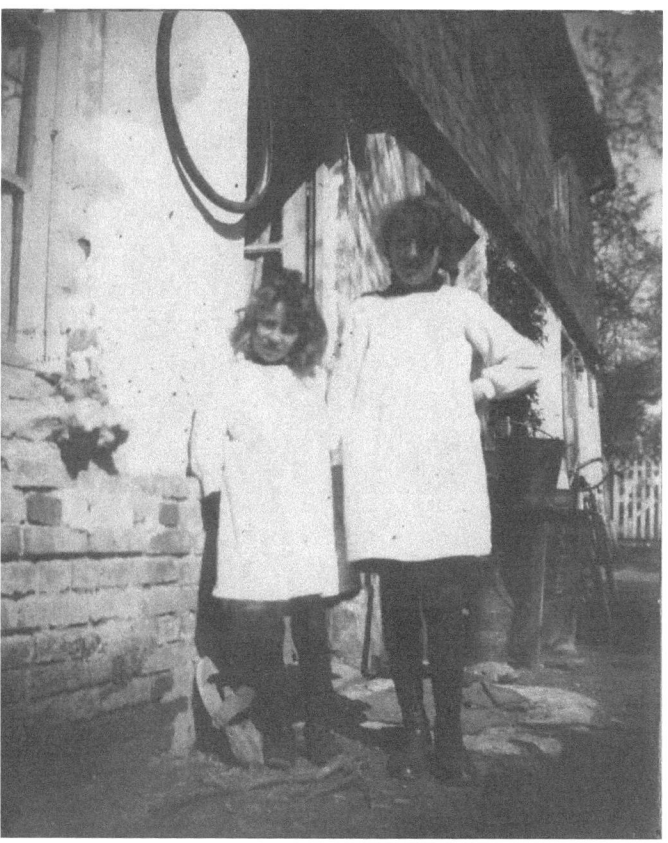

La petite Andréa Mainberte a grandi. Elle est ici à gauche en compagnie de sa cousine, Christiane Topp. C'est sa toute première photo...

---

129 Raymond Fontaine, des Sablons, était le vice-président. Secrétaire : Maurice Edde ; trésorier : Pierre Chéron ; délégués : MM. Agnès et Séraphin Duparc pour Jumièges, Gallais pour Yainville. Parmi les autres membres : Marius Glatigny.

Pour le 11 Novembre de 1922, cette société qui s'intitule Jumièges-Yainville et Environs décida de déposer des gerbes au pied des trois communes de la presqu'île mais aussi au Trait. Ailleurs, ce nouveau 11 Novembre est encore marqué avec faste. Service religieux à Saint-Paër, concert de la Lyre et prestation du Club artistique au Trait, sonnerie de cloches, messe et vin d'honneur à Berville, revue des sapeurs pompiers à Jumièges dans un bourg pavoisé. Là, un banquet a lieu chez Vauquelin et l'on danse, on danse... A Duclair aussi les anciens combattants font ripaille. Entre autres avantages, leur section bénéficie de réductions chez certains commerçants. Elle a désormais son porte-drapeau en la personne d'Eugène-Paul Lefèbre[130], un terrassier né au Trait avant d'habiter Yainville puis la rue Granchamp. C'est un homme qui a d'abord été blessé par balle à la main puis a perdu un œil par un éclat d'obus en allant en première ligne exécuter des travaux défensifs. Il a la médaille militaire et la Croix de guerre[131].

Mais voilà maintenant quatre ans qu'est intervenue l'Armistice. Nous laisserons le canton de Duclair vivre sa vie, avec ses fait-divers, ses lancements de bateaux, l'électrification des campagnes... Terminons par les derniers échos de l'après-guerre. Ces échos, ce sont ceux des grandes fêtes qui sont alors organisées, les unes pour se rappeler, les autres pour oublier...

---

130 Au bureau de l'UNC, il remplaça André Ouin qui quittait la commune.
131 Eugène-Paul Lefèbvre sera fait chevalier de la Légion d'honneur en 1928.

12
Déjà l'entre-deux-guerres

Le dimanche 19 novembre 1922, Villers-Ecalles inaugure son monument. Tout débute à 14 h par la formation du cortège : musique de Barentin dirigée par M. Claret, enfants des écoles conduits par les enseignants : M. Jaussain, Mme Frutel, Mlle Roger. Suivent le patronage Saint-Martin de Barentin, les anciens combattants des communes voisines, les notabilités...

Fait en pierre de Lorraine, le monument est dû au sculpteur rouennais Geoffroy. Il a été élevé, selon les directives de l'architecte Duboc, par MM. Pigache, entrepreneur à Duclair et Langlier, marbrier à Petit-Quevilly. Placé à la croisée des chemins, sur une esplanade près de l'église, c'est un socle quadrangulaire où sont inscrits les noms de 41 morts de la commune[132]. La dédicace, *Villers-Ecalles a ses glorieux morts, 1914-1918*, est surmontée de la Croix de guerre. Ce socle supporte un poilu casqué, appuyé sur son fusil, équipé du barda complet. Le tout est entouré d'une chaîne supportée par des obus de gros calibre.

La bénédiction du monument est confiée à l'abbé Bénard, curé de Saint-Eustache-la-Forêt. Un grand mutilé de guerre. Il est assisté des curés de Barentin et de Saint-Paër. Président du comité d'érection, M. Clérembaux remet officiellement le monument à la municipalité dirigée par Jean Prévost. Appel des morts. Le maire peut alors remercier non seulement les souscripteurs mais aussi le donateur du terrain. *« Toujours, et plus que jamais, les Français se doivent aide les uns aux autres... »* Les écoliers y vont de leurs poèmes et de leurs chants, Pigache et Denise de leurs accents patriotiques, Denise qui déclare en substance : *« Les enfants qui grandiront à l'ombre de ce monument apprendront à épeler en prononçant les noms des héros de cette commune. Et, à leur souvenir, ils prendront une leçon de devoir pour travailler, comme eux, à la prospérité de notre belle patrie... »*

Le député Maillard, lui, a des propos plus politiques. Il parle de la situation de la France dans le monde *« où l'Amérique l'oublie, où l'Angleterre aurait voulu une paix faite pour elle et où l'Allemagne vaincue ne veut pas payer. »* Et d'insister sur la nécessité d'une sanction pour son crime de 1914. *« L'Allemagne nous a traî-treusement attaqués en invoquant de faux prétextes »*, ajoute Roux, le vice-président du conseil de préfecture. On joue *La Marseillaise*. Absoute à l'église, salut solennel, chœur de jeunes filles solistes et musique de Barentin. M. Ouin sert pour finir le traditionnel vin d'honneur.

A la veille Noël, le 24 décembre 1922, les anciens combattants

---

132 Julien Bazille, Henri Belsout, Valentin Boulet, Ernest Colley, Paul Dalençon, Ernest Deconihout, Henri Delabarre, Georges Delalonde, Joseph Delaune, Raymond Delu, Alfred Deschamps, Louis Deveaux, Georges Doré, Henri Doucet, Gustave Duclos, Prosper Durdent, Adolphe Fossé, Eugène Gossay, René Goyer, Émile Grain, Narcisse Grain, Maurice Haquet, Auguste Houllière, Adrien Lair, Hippolyte Lair, Charles Lefèbvre, Edmond Lemercier, Louis Lemoine, Eugène Letard, Isaïe Letard, Joseph Levézier, Albert Lingois, Frédéric Masson, André Mazurier, Aimé Mulot, Henri Nigaud, Pierre Pestrimos, Jean Prévost, Henri Quentin, Alexandre Sellier, Auguste Vincent.

de Jumièges et Yainville organisent une fête chez Carpentier, le maire de cette dernière commune et qui tient l'ancien manoir de l'église. Elle est placée sous la présidence d'honneur du directeur de la centrale, Laboureur, qui fera finalement faux bond. Le Club artistique du Trait vient donner des morceaux comme *La paix chez soi* ou encore *La fille bien gardée*. Tout un programme. Il y a une tombola, un arbre de Noël à l'instar d'Heurteauville avec distribution de jouets aux enfants.

Le premier marché du Trait

Le jeudi 4 janvier 1923 se tient le tout premier marché du Trait. Ce qui n'est pas du goût de tout le monde. Voici quelques jours, les pancartes annonçant son ouverture ont été arrachées. Au petit matin, le temps est exécrable. Mais le ciel consent à signer l'armistice, l'espace de quelques heures. Si bien que le personnel de la gare est débordé pour confier les colis des étalagistes aux transporteurs chargés de les mener sur la place. Finalement, on viendra de toutes les communes environnantes. Le même jour paraît le numéro un du *Journal du Trait*. Un hebdomadaire totalement dévoué à la direction des chantiers. Le rédacteur-en-chef est Achille Dupuich, dirigeant de la Société immobilière des ACSM, qui ne pense qu'à une chose le matin en se rasant : chasser Pestel de la mairie. Comme le *Journal de Duclair*, comme *Le Pilote*, ce périodique de quatre pages est imprimé à Caudebec[133] chez Lucien Lemoine, successeur de Pouchin. La directrice de l'école ménagère, Mlle Sery, y tiendra une chronique : les conseils de tante Rachel...

La cité ouvrière a maintenant son bureau de poste. Mais toujours pas de courant, même si les poteaux électriques sont bien en place. L'Union sportive du Trait organise sa première fête, un gala de boxe, mais elle a aussi son équipe de foot[134] qui met un point d'honneur à battre celle de Duclair. On prépare surtout un grand festival de musique pour juin. Plus de mille exécutants sont attendus de toute la Haute-Normandie et des trains spéciaux devraient amener une marée de visiteurs. Duclair en espère autant pour sa grande cavalcade qui déambulera le mois suivant autour d'une exposition agricole et horticole[135].

Le 11 février 1923, à l'occasion du Mardi-Gras, les anciens combattants de Jumièges et d'Yainville organisent leur seconde

---

133 Collaborationniste durant la Seconde guerre, le *Journal du Trait* cessa de paraître en janvier 1942.
134 Ses statuts ont été déposés le 16 novembre 1922 (ADSM 4M 451).
135 Cette manifestation se déroulera le 29 juillet 1923.

séance récréative. Toujours avec le concours du club artistique du Trait. Elle a lieu cette fois chez Raymond Fontaine, aux Sablons. Déjà, on prépare un autre rendez-vous en sollicitant des artistes de Rouen. Helen Nilson, du théâtre-Français, en sera la vedette. Cette fête a lieu le 29 avril à l'école des filles de Jumièges et bat ses records de recettes : 1 400F !

Décorations posthumes

Cette guerre aura entretenu l'esprit de solidarité. Il se manifeste toujours quand survient un accident du travail où quand une famille est dans la détresse. C'est le cas à Varengeville, en mars 1923. Gravement malade, M. Sorel est hospitalisé, laissant dans le plus profond dénuement ses cinq enfants à son épouse. Une collecte est alors lancée par Pigache et porte ses fruits.

De loin en loin sont toujours décernées des décorations à titre posthume. En ce début de 1923, la Médaille militaire va à Albert Prunier, caporal au 205e RI. Le 26 septembre 1915, il avait été tué en se portant à l'attaque de la butte de Tahure. Une autre Médaille militaire va au sergent Marcel Grandsire, de Boscherville, du 24e RI, mort le 1er juin 1916 à Vaux. Tous deux avaient déjà la Croix de guerre. Toujours à Boscherville, la veuve de Robert Sénécal recevra quelques temps après la Médaille militaire de son mari, sergent au 162e RI, tombé à Soisson en 1918. Citons encore Antoine-Louis Fontaine, de Sainte-Marguerite, soldat du 119e RI, tué à Cany-sur-Matz en s'élançant sur une position fortement occupée par l'ennemi. A Jumièges furent célébrées aussi les obsèques d'un Poilu mort huit ans plus tôt à Avignon des suites de ses blessures. Une foule considérable se pressa autour de la tombe de René Huet, soldat du 1er colonial.

La mort du député

Mais on ne verra plus le député Bagneux au pied de nos monuments. L'ancien volontaire de 70 meurt en avril 1923. On se souviendra de son engagement à la tête de la Croix rouge normande, son omniprésence sur le terrain. Un autre député, Siegfried, décède aussi. Il y aura donc législatives complémentaires. Les heureux élus ? Léon Meyer, un homme de gauche et un certain René Coty qui ne manque pas de stature...

Les pigeons voyageurs...

De temps à autre sont recueillis dans nos communes des pigeons voyageurs. Conformément à la loi, les maires s'empressent de le signaler par avis de presse car ces volatiles sont protégés pour services rendus durant la Grande guerre. Le Jumiégeois Marcel Prévost en découvrit un par hasard sur le territoire du Trait et fit savoir qu'il le tenait à la disposition de son propriétaire.

L'archevêque à Sainte-Marguerite

Le dimanche 22 avril, l'archevêque de Rouen, Mgr de La Villarabel, vient inaugurer la nouvelle flèche du clocher de Sainte-Marguerite et baptiser une troisième cloche. Au pied du monument aux morts, la Lyre des chantiers est encore de cette cérémonie mi-religieuse, mi-patriotique.

Le 27 mai 1923, c'est au Mesnil, cette fois, que les anciens combattants de Jumièges, Yainville « et environs », comme ils s'appellent désormais, font revenir le club artistique du Trait. Cette association patriotique est manifestement l'une des plus actives du canton et l'on remarque au passage la belle union qui règne alors naturellement entre les trois communes de la presqu'île gémétique.

Le temps des cerises

Quand revient la saison des cerises, les hommes procèdent à la cueillette et les femmes vont livrer la production au marché de Duclair. A ce moment de l'année, il se tient exceptionnellement le lundi, le mardi et le vendredi après-midi, sur les quais, face à l'hôtel Denise. Les bannettes de fruits contiennent toutes 7 kg. On fabrique ces paniers l'hiver avec l'osier récolté au fond de la presqu'île de Jumièges.

Parfois quelques couacs

Le 3 juin 1923, le premier festival de musique du Trait dépasse les espérances : 20 000 participants ! C'est la plus grande fête de l'après-guerre dans le canton.

Fanfares dans la rue principale du Trait...

L'émotion est à couper au couteau quand, sur la place du marché, M. Becques dirige la marche de *Sambre-et-Meuse* interprétée par toutes les fanfares invitées. 1 200 exécutants ! Quand se tait le dernier clairon, quand meurt l'ultime roulement de tambour, une immense ovation s'élève et des cris fusent bientôt : « *La*

Marseillaise ! La Marseillaise ! » Couvert de fleurs, Becques reprend sa baguette et c'est une foule figée au garde-à-vous, tête nue, qui écoute l'hymne national. Ce fut le temps fort de cette fête marquée aussi par le lancement du *Cérons*. Un détail : on compta ce jour-là deux chapeaux hauts de forme dans la foule. Ce seront bientôt les derniers. Au grand dam des chapeliers.

Cérémonie patriotique au Trait

Nous avons connu les quêtes patriotiques, celles en faveur des régions dévastées. En juin 1923, les demoiselles vendent cette fois des insignes au profit des laboratoires. C'est la journée Pasteur. Pasteur qui déclarait : « *Sans laboratoires les savants sont des soldats sans armes...* »

Alors qu'en Allemagne des voix s'élèvent déjà dans la presse bourgeoise pour une reprise des hostilités, les fêtes montent encore en puissance sous le soleil torride de juillet 1923. Avec ça et là des concours de tir. N'a-t-on pas entendu assez de mitraille durant la guerre ? A Hénouville, ivre, un ancien artilleur décharge son fusil sur sa femme. « *C'est qu'elle m'avait donné un coup de balai* », expliquera-t-il. Cet agriculteur a fait plus de cinq ans de guerre.

A Jumièges, le 14 Juillet, l'euphorie fut telle que l'on oublia d'honorer les morts. Ce qui valut une réflexion sentencieuse du *Journal de Rouen*. Ici, cette fête avait été endeuillée la veille par la noyade de M. Haussi, un ouvrier d'Yainville disparu au trou de Hoguettes. Ce 14 Juillet 1923 eut aussi un éclat rehaussé au Trait. Les anciens combattants regrettèrent cependant que les enfants, contrairement aux habitudes, ne saluent pas de leurs chants les morts pour la France. Bref, quelques couacs se font entendre.

Au calendrier des fêtes cantonales, la revue des pompiers de Duclair, commandés par le capitaine Lorillon, est aussi un temps fort.

Si les quarante-neuvièmes régates de Duclair, début juillet, furent un succès, la grande cavalcade, avec son défilé fleuri et son exposition horticole, fut contrariée par le temps en fin de mois. Du coup, on reporta en août une partie du programme. Ce mois-là, Le Trait organisait pour la première fois sa propre exposition horticole. Décidément, le chef-lieu et la cité des chantiers rivalisent sur le plan des grandes manifestations populaires.

Et si l'ambiance est à la fête, en cet été 1923, on n'en oublie pas les vertus du travail. Le mois de septembre nous amène Gaston Vidal, sous-secrétaire d'État à l'enseignement technique. Un républicain-socialiste féru de sport[136]. Il repart du Trait après avoir

---

136 Vidal prit part à l'organisation des JO de Paris en 1924. Sa carrière politique

épinglé la médaille de l'Instruction publique sur la poitrine de l'ingénieur Vince et décerné les Palmes académiques à Mlle Séry, la directrice de l'école ménagère.

Un scandale sulfureux

L'affaire qui scandalisa le plus les habitants du canton après-guerre fut révélée en septembre 1923. A Sainte-Marguerite vivait depuis peu une famille de treize enfants. Des horsains. Ancien garde-champêtre, bénéficiaire d'une pension, le père était venu se livrer au commerce de poisson et sillonnait la campagne avec l'une de ses filles envers laquelle il manifestait les plus vives attentions. Seulement voilà : avant de venir à Sainte-Marguerite, cette jeune personne avait donné naissance à deux enfants déclarés tour à tour de père inconnu. Quand elle accouche pour la troisième fois, une dénonciation auprès des gendarmes de Duclair portent les soupçons sur le chef de famille. Interrogés, les autres gamins déclarent que leur père s'enfermait souvent avec leur grande sœur, tantôt dans une chambre, tantôt dans l'écurie. Quant à l'épouse du mari incestueux, elle avoue ne rien ignorer de cette relation. Mais elle avait peur des coups. Elle en prenait beaucoup.

Le coupable est aussitôt incarcéré et sa victime, loin de se libérer d'un tel poids, nie alors catégoriquement cette liaison qui durait depuis ses quinze ans. Elle en a maintenant vingt. Les pères de ses enfants ? « *Des inconnus de rencontre* », jure-t-elle. Seulement sa mère a surpris voici peu une conversation entre le père et la fille qui, dans la chambre où elle venait d'accoucher, se vantait d'avoir tenu sa langue face aux enquêteurs.

— Tu vois, j'ai pas cédé. Et j'avouerai jamais !

— On sera sans doute appelés à Rouen. Gardes ton sang froid. Si tu peux pas, préviens-moi, je m'foutrai une balle dans la peau. Et ce sera fini.

La mère alla rapporter ces propos aux gendarmes. Questionnée une seconde fois, sa fille finit par avouer. Elle avait bien, après ses premières couches, tenté de résister à son père. Mais, elle aussi, dira-t-elle, avait peur des coups. Cette histoire révulsa tout le pays.

---

s'arrêta avec l'affaire Oustric en 1931.

Le populaire Arsène Lupin

Voilà maintenant vingt ans que Maurice Leblanc, le feuilletoniste de Rouen, a créé le personnage d'Arsène Lupin. Si bien qu'il est entré par effraction dans le langage courant pour désigner un monte-en-l'air. Leblanc n'a pas oublié ses vacances d'adolescent à Jumièges, Madame Eric, la propriétaire de l'abbaye, le père Paumier, instituteur à la retraite qui collectionnait les autographes et les cailloux de toutes sortes, la mère Leduc, alors concierge de l'abbaye bien avant l'arrivée de M. Détienne, Cabut, ce vieux paysan ripailleur que tout le monde saluait d'un « *Qu'a bu boira !...* » Non, Maurice Leblanc n'a pas oublié Jumièges depuis ses dernières vacances chez son oncle, en 1882. Il avait alors 18 ans. Car il met aujourd'hui la dernière main à une nouvelle histoire : *La comtesse de Cagliostro*[137]. Et cette aventure va populariser la presqu'île gémétique dans la France entière et même au delà.

Polémique à Boscherville

Les moissonneurs de Boscherville en 1923. Parmi eux : Émile Mainberte.

Le temps de laisser passer un ouragan sur le canton, voilà un nouveau 11 Novembre. Celui de 1923 est terni par une bien mauvaise polémique. Sans le nommer, on accusait un élu de

---

[137] *La comtesse de Cagliostro* sera publié en 42 épisodes dans la revue *Le Journal* de décembre 1922 à janvier 1924 avant de paraître en librairie.

Boscherville d'avoir soulagé sa vessie au pied du monument aux morts. Piqués au vif, le maire, Léonis Danet et son adjoint, M. Carpentier, opposèrent à cela un vigoureux démenti en réclamant des sanctions contre l'auteur de ce ragot paru dans le *Journal de Rouen* sous couvert de l'anonymat. Comment pouvait-on taxer la municipalité de Boscherville d'irrespect envers ses héros alors qu'elle leur avait élevé deux stèles !

Henri Denise... archéologue !

Henri Denise, la figure emblématique du canton durant les années de guerre, l'heureux inventeur du canard au sang, nourrit aussi un goût pour les choses du passé. Peut-être tenait-il cette passion de son père Georges. Sous ses yeux, celui-ci avait découvert, cachés derrière un vieux lambris, vingt jetons de cuivre à l'effigie de Louis XIV. Le fils aura aussi la main heureuse. A Duclair, les vieux racontaient qu'au siècle dernier, devenues encombrantes, des statues provenant de l'abbaye de Jumièges avaient été enterrées par le curé sous le parvis de l'église. Pour en avoir le cœur net, notre conseiller général mène deux campagnes de fouilles en 1923 en compagnie d'un collègue, Louis James. Celle de novembre aboutit à la découverte de huit statues, toutes décapitées, qui prendront le chemin du musée des Antiquités.

Le monument du Mesnil

Nous nous étions fixé pour limite à cette évocation l'inauguration du tout dernier monument aux morts du canton. Celle-ci eut lieu Mesnil-sous-Jumièges, le dimanche 18 novembre 1923. La stèle était en réalité érigé depuis belle lurette. La messe fut dite par l'abbé Thillard, d'Yville. La lyre des chantiers prêta son concours et M. Lafosse tenait l'orgue. A l'inauguration civile, les orateurs furent M. Lamy, le maire, le comte de Malartic, Pierre Chéron et René Edde, âmes des anciens combattants de Jumièges et d'Yainville. Une fillette déclama un poème et céda la parole à Mag, du club artistique du Trait, pour un *Salut à nos morts*[138]. Sur la stèle, au moins un nom a été oublié. C'est celui de Jules Picot, tué en 1915,

---

138 Ferdinand Bouleux, Jules Captron, Marie-Louis Duparc, Louis Hauguel, René Hulin, Louis Lefrançois, Arthur Ponty, Edouard Tropinel.

et dont la dépouille repose pourtant dans le cimetière.

A gauche, le second monument de Boscherville (Photo A. Guyomard). A droite, celui du Mesnil sur une carte postale de l'époque.

Adossé à l'église Saint-Philibert, le Monument du Mesnil est le seul du canton qui soit surmonté d'un symbole religieux. En 2013 naquit l'idée de le déplacer près de la mairie pour la commodité des cérémonies. Le Trait venait de montrer l'exemple...

L'honneur des « sans grade »

Le jour de la cérémonie du Mesnil, un homme est plongé dans la nuit : Bienvenu-André Quesne. Ouvrier agricole, il est parti à la guerre en 1916. A 19 ans. Un an et demi plus tard, son régiment, le 28e RI, est dans le secteur d'Ailles. Quand un éclat d'obus lui ôte la vue. On l'enverra dans le Calvados, au centre de rééducation professionnelle de La Délivrande. Depuis, pensionné militaire, ses mains habiles suppléant sa cécité, il fabrique des brosses dans la ferme de ses parents, Pierre Quesne et Marie-Augustine Duparc qui eurent en tout dix enfants. Bienvenu a déjà la Croix de guerre et la médaille militaire avec palmes quand une enquête de moralité est commanditée sur son compte...

Un beau jour, Elie Lavaud et François Vaillant, gendarmes de Duclair, se rendent donc à cheval au Mesnil. C'est encore leur moyen de locomotion. Bientôt, on les verra à bicyclette avec le surnom des hirondelles. Au Mesnil, les deux militaires entendent Léopold Grain, adjoint du Mesnil, puis Louis Lefrançois et Louis Thuillier, conseillers municipaux. Tous trois brossent un portrait des plus flatteur. Et le 16 décembre 1923, c'est André Merle du Bourg, président des anciens combattants de Duclair, qui vient enfin lui remettre les insignes de Chevalier de la Légion d'Honneur[139]. Du Bourg est lui même grand blessé de guerre. Lors de la cérémonie, le regard vide, Bienvenu est épaulé par deux médaillés militaires : Oscar Barbey, du Mesnil et M. Baron, d'Yville. La Lyre du Trait est encore là, les enfants des écoles conduits par Mme Martel, le conseil présidé par Lamy, Malartic, Morel, le président départemental de l'UNC. Des compagnons d'armes de tout le canton sont venus jusque de Villers-Ecalles. Deux jeunes filles, Marthe Flambard et Christiane Jeanne couvrent de fleurs le héros du jour. Bienvenu-André Quesne incarne tous les sans grades, tous les anonymes aussi dont la vie fut brisée par le tocsin du 1er août 1914, ce fameux jour où une mariée tourbillonnait, radieuse, dans les ruines de l'abbaye de Jumièges.

---

139 Il sera promu officier en 1937.

13
Fermons le ban...

Un mot pour finir de ceux qui nous ont accompagné tout au long de cette histoire tortueuse...

Henri Denise, le vieux grognard de l'arrière, sera battu de quelques voix aux élections cantonales de 1928 par Charles de Heyn. Mais il restera conseiller municipal de Duclair jusqu'à son dernier souffle, le 5 juillet 1932. Président, vice-président de nombreuses sociétés, dévoué aux Pupilles de la Nation, titulaire du Mérite agricole, il était aussi membre du conseil paroissial.

Henri Denise et son épouse, Marie Siméon (Coll. Jean Chartier)

L' infatigable Dr Allard, maire de Duclair, cédera son écharpe en 1925. Témoin actif de tant de drames, celui qui aura soulagé bien des souffrances avait pour gendre un Poilu, le Dr Jacob, commandeur de la Légion d'honneur et Croix de guerre. Alphonse-Frédéric Allard est décédé en 1934 à Rouen.

Henri Denise est ici à l'extrême-gauche. Tête nue, le Dr Allard entre le ministre Sarrault et le député André Marie.

Rappelez-vous. En 1914, nous avions vu le maire de Jumièges, Jules Lefèbvre, recevoir de la préfecture le tout premier avis de décès d'un Poilu de sa commune. Il concernait son propre fils. Quarante fois, ce père meurtri se fera le messager de la camarde chez ses concitoyens. Et combien de fois ira-t-il aussi aider les femmes de mobilisés, les veuves de guerre à trousser leur courrier. Pour tout remerciement, l'élection de ce radical-socialiste fut invalidée à l'Armistice alors que triomphait le bloc des droites. C'est pour laver l'honneur de son grand-père que, bien plus tard, Joseph Lefèbvre, son petit-fils, briguera avec succès la mairie du Mesnil-sous-Jumièges. Jusqu'à son dernier souffle, il garda par devers lui l'encrier portatif de son aïeul. Quelques jours avant de mourir, Joseph Lefèbvre confiait à Paul Bonmartel, : *« Si il y avait le feu dans la maison, je le mettrai dans ma poche avant de sortir*[140]*. »*

Gaston Legallet, ce soldat dont la division avait fraternisé avec les Allemands à la Noël de 1914, Gaston Legallet ce grand blessé renvoyé sur le front d'Orient, qu'est-il devenu après qu'il ait été élu secrétaire de la section des anciens combattants de Duclair ? Il avait tout naturellement retrouvé son travail d'employé de bureau chez Mustad. En 1931, après 23 années de service et au grand regret de

---

140 *L'encrier*, Paul Bonmartel, *Le Canard de Duclair*, janvier 2015.

ses employeurs, il en démissionna pour racheter le café-épicerie-tabac Continental, près du bac et animer la Société de secours mutuel. Cette année-là, il accomplit un pèlerinage dans les tranchées d'Artois. Mais sa santé avait été ruinée par ces trop longues années de guerre. Il décédera prématurément le 15 juillet 1934. A 41 ans.

Pèlerinage de Gaston Legallet dans les tranchées en 1931.

Un autre Poilu résume bien aussi ce que nous venons de vivre : c'est Maurice Lépagnol[141]. Il avait accompli deux années de service militaire au 36e RI. A la mobilisation générale, il rejoint son corps le 4 août 1914.

Maurice Lépagnol (Coll. Jean-Yves Marchand).

Le 2e classe ne manque pas de courage. En mars 1915, chaque soir, sous le feu nourri des Allemands, il va placer des défenses en avant des tranchées. Voilà qui lui vaut une première citation. Bref, Maurice est tout sauf un lâche. Mais en 1916, il est de ceux, innombrables, qui ne supportent plus cette guerre et la stupidité meurtrière de certains officiers. Oui, il est de ceux que l'on appellera les hommes contre. Un jour d'été, il se rebelle contre un officier et abandonne son poste. Repris, mis aux arrêts, il sait qu'il sera traduit en conseil de guerre. Alors il s'évade des locaux disciplinaires dans la nuit du 7 août 1916. Le lendemain matin,

---

141 Né à Heurteauville le 8 juillet 1886 de Arthur Vitrice Lépagnol et Désirée Léonie Varin.

manquant à l'appel, il est porté déserteur. Cinq jours plus tard, il finit par se rendre lui-même aux autorités. On le condamne alors à deux mois de prison et cinq ans de travaux publics. Le jugement est suspendu. Maurice passe ensuite d'un régiment à l'autre. Et fait encore montre de bravoure. Dans la nuit du 10 au 11 mars 1917, volontaire pour un coup de main, il fait partie d'un barrage qui, par sa résistance, permet le repli de son détachement. Nouvelle citation. Quelques semaines plus tard, le voilà, comme Legallet, aux armées d'Orient. Lorsqu'il est démobilisé, le 24 avril 1919, il aura combattu quatre ans, trois mois et six jours. De cette longue guerre, il conservera un esprit rebelle. Devenu batelier, enfin amnistié pour ses condamnations, il reçoit la Médaille d'Orient le 7 janvier 1935. Moins d'un mois plus tard, il décède à l'âge de 49 ans.

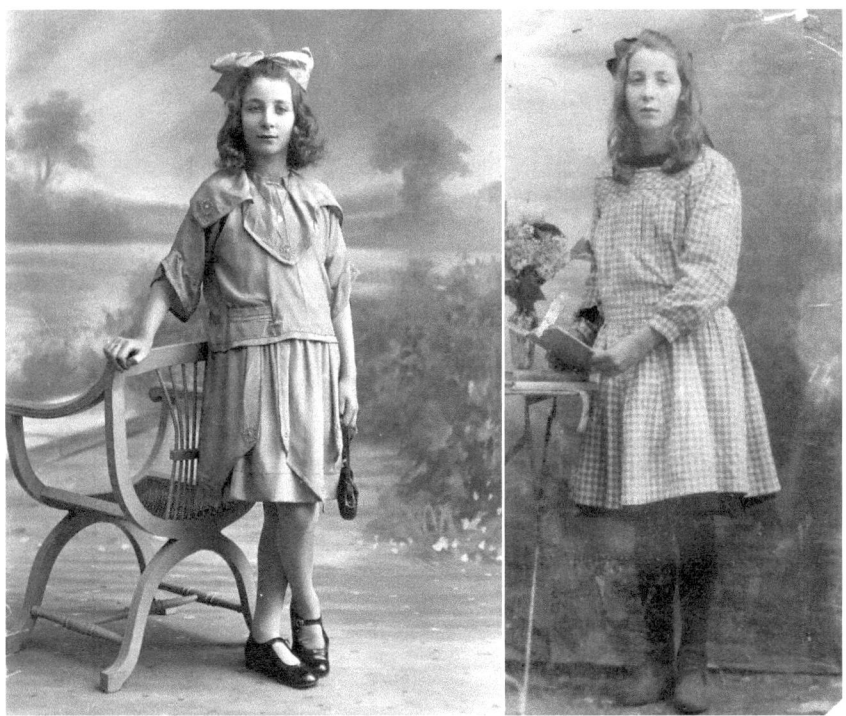

Andréa Mainberte au temps de sa communion et à l'école de Boscherville.

Nous avions débuté ce récit avec une petite fille de 2 ans, Andréa Mainberte. Elle aura incarné les enfants de la guerre. Nous l'avons vue grandir avec le conflit, perdre successivement son père et sa mère, risquer un placement à l'Assistance avant de connaître enfin la paix des années 20. Grâce à la volonté de son oncle, Pierre Chéron, argentier des anciens combattants de la presqu'île de Jumièges, elle fut recueillie par des parents à Boscherville. Puis toute la fratrie Mainberte finira par monter à Paris. Seule Andréa reviendra plus tard au pays pour s'y marier. Et y mourir trop jeune. C'était ma mère.

FIN

Sources

Journal de Duclair, Archives nationales de France.
Journal de Rouen, Archives départementales de la Seine-Maritime.
Journal du Trait, collection personnelle numérisée par Le Trait naval d'hier.
Registres matricules, registres d'état civil, ADSM.
Livre d'or de la colonie belge des Vieux, 1915-1916.
Souvenirs de Marie-Louise Mainberte recueillis par l'auteur, 1990.
Souvenirs de Germaine et Louis Acron recueillis par Monique et Marie-Claude Acron, 2007-2008.
Archives de la famille Legallet.
Archives de la famille Lemarchand.

Bibliographie

Le canton de Duclair à l'aube du XXe s, Gilbert Fromager, 1986.
Histoire du patrimoine industriel, Paul Bonmartel, Bertout, 1998.
Histoire de nos soldats, Martial Grain, Les Gémétiques, 2004.
Saint-Pierre-de-Varengeville, Jean-Pierre Hervieux, Corlet, 2008.

Remerciements

Remerciements à Martial Grain, la regrettée Josiane Marchand et son fils Jean-Yves, Jean-Raymond Legallet, Jean-Pierre Hervieux, Alain Guyomarc'h, Didier Cavelier, Philippe Tiphagne, Edith Lebourgeois, Gilbert Fromager, Paul Bonmartel, Jean Chartier, Michel Moreau, Gisèle Vestu, bref, à tous ceux qui, à des degrés divers, ont apporté des informations à l'auteur et collaborent au Canard de Duclair, le site d'histoire des boucles de la Seine normande. Sans eux, ce livre ne serait pas.
Remerciement spécial à Jean Coignard, historien breton résidant à Paris et qui a eu la gentillesse de numériser pour nous plusieurs numéros du Journal de Duclair. *Un dépouillement systématique de sa collection permettrait de donner un véritable aperçu de la Grande guerre dans le canton. Souhaitons que cette collection, difficile d'accès, soit un jour numérisée où rapatriée aux archives départementales de la Seine-Maritime.*

Table des matières

 Avant-propos..9

1 - Derniers jours d'insouciance......................................19

2 - La mobilisation générale..31

3 - Ces héroïnes de 1915...49

4 - Les grands projets de 1916 73

5 - L'enfer froid de 1917 99

6 - Enfin l'Armistice de 1918..113

7 - Le tourbillon de l'après-guerre.................................127

8 - Une mémoire monumentale.....................................141

9 - Les Poilus s'organisent...157

10 - Un pays en métamorphose.......................................169

11 - Entre mémoire et oubli...193

12 - Déjà l'entre-deux-guerres 203

13 - Fermons le ban..217

 Sources, bibliographie, remerciements... 223

Maquette : Le Canard de Duclair